AF435722

Vida portentosa del glorioso

San Antonio de Padua

Jerónimo Aguillo López de Turiso

BIBLIOTECA LUNA
MADRID
MMXXII

© Biblioteca Luna
www.bibliotecaluna.com
Madrid 2022

Título: Vida portentosa del glorioso San Antonio de Padua
Autor: Jerónimo Aguillo López de Turiso

Edición e ilustración: Biblioteca Luna
Maquetación: Ignacio Carracedo Justo
Colaboradores: Lucía Avial-Chicharro

ID. 2202105651
ISBN. 978-84-09-44114-3

Fecha de edición, septiembre 2022

Reservados todos los derechos. El contenido de esta obra está protegido por la ley, que establece penas de prisión y o multas, además de las correspondientes indemnizaciones por daños y perjuicios, para quienes reprodujeren, plagiaren, distribuyeren o comunicaren públicamente en todo o en parte, una obra literaria, artística o científica, o su transformación, interpretación o ejecución artística fijada en cualquier tipo de soporte o comunicada a través de cualquier medio, sin la preceptiva autorización.

A través de la lectura de la obra de Fray Jerónimo Aguillo López de Turiso, conoceremos los aspectos más destacados de San Antonio de Padua, el sacerdote y predicador franciscano, venerado como santo y doctor de la Iglesia católica. Nacido para el mundo como Fernando de Bulhões en Lisboa, entró en 1220 a la Orden franciscana adoptando el nombre de Antonio, en honor a San Antonio Abad. Fue enviado a Italia, pasando por varias ciudades hasta llegar a Padua, donde ejerció el sacerdocio. Se transformó en un viajero asiduo, en lucha contra las herejías hasta que enfermó de hidropesía. Falleció el 13 de junio de 1231. La multiplicidad de milagros que se le atribuyeron promovió su rápida canonización, tan solo 352 días después de su fallecimiento, bajo el pontificado de Gregorio IX. San Antonio de Padua es uno de los santos católicos más populares y la obra que aquí presentamos en una de las mejores formas de conocerle y de entender la época en la que Fernando de Bulhões desarrolló su sacerdocio.

Índice

Vida portentosa del glorioso
San Antonio de Padua

Jerónimo Aguillo López de Turiso

En memoria de María Bruña Alonso
1 de diciembre de 1927 - 15 de diciembre de 2017
Porto (España)

*Justorum autem semita,
quasi lux splendens,
procedit et crescit usque
ad perfectam diem.*

(Prov. IV).

Al devoto lector

Uno de los Santos que más han ilustrado a la Iglesia católica con el esplendor de sus virtudes y lo portentoso de sus milagros, ha sido sin duda alguna el Taumaturgo paduano, gloria de España, lustre de la Religión Seráfica y dulce hechizo de la devoción cristiana. Fue Antonio místico día de la Iglesia, de quien habla Salomón *(Prov. IV)*, cuando dice: «El camino de los justos, semejante a la luz del lucero de la mañana, adelanta y crece hasta llegar a completar el día». Pues a la manera que la luz del día va siempre en aumento hasta que el sol está en su apogeo o mayor elevación; así los justos, alumbrados de una fe viva, crecen siempre en virtudes hasta llegar al apogeo de su perfección.

En las Sagradas Escrituras la palabra *día* se toma de muchas maneras. Día es Jesucristo, cuyas horas son los doce Apóstoles. De Él se dice: «El que camina en el cuerpo del *día* no tropieza». *(Juan, XI)*. El que camina en el *día*, imitando los ejemplos de Cristo, no tropieza, no peca. *Día* se llaman también los justos en sentido místico o espiritual, pues resplandecen con la luz de sus virtudes como el *día*, y crecen hasta llegar a su perfección. Jesucristo es también el *día* o *año eterno*; y este *día* o este *año* tiene tantas horas o tantos días cuantos son los justos que le hacen coro en la gloria. Y «corona de estos *días* benditos es la bienaventurada Virgen María, Madre de Dios», dice San Buenaventura. *(Specul. B. V. II)*.

Cuatro son las partes del día, según Bercorio, la mañana, el mediodía, la tarde y la noche, y simbolizan los cuatro tiempos en que se divide el año, esto es, la primavera, el verano, el otoño y el invierno. La aurora tiene correspondencia con la primavera, el mediodía con el verano, la tarde con el otoño, y la noche con el invierno, pues así como al amanecer la aurora desaparecen las tinieblas de la noche y se esclarece todo, al aparecer la primavera desaparece la frialdad del invierno y se rejuvenece toda la naturaleza; el mediodía presenta el sol en todo su apogeo y plenitud, y el verano ostenta la frondosidad de la naturaleza cargada de frutos; la tarde representa el término del trabajo y el fruto reunido, y el otoño representa el término del trabajo de la naturaleza, y aparece coronado de abundantes frutos; la noche significa el descanso y la recuperación de las fuerzas perdidas, y el invierno presenta la naturaleza como en reposo, y como en preparación para ostentar de nuevo su vida lozana con la fuerza y vigor adquiridos en su aparente reposo.

En la vida de San Antonio, *día místico* de la Iglesia, hallamos la aurora y primavera en las virtudes de sus primeros años; el mediodía y verano en sus predicaciones y milagros; la tarde y otoño en los frutos recogidos durante sus tareas apostólicas; y la noche e invierno en las maravillas obradas después de su feliz y dichoso tránsito.

San Buenaventura nos pinta al Santo en su humildad y en su gloria, y dice que San Antonio es semejante a la luna, que cuando mira al mundo es toda oscura, y cuando mira al cielo es toda luminosa.

San Antonio cuando era oscuro al mundo, y este no le conocía, era muy luminoso y claro para con Dios; pero cuando Dios convirtió al mundo la parte luminosa de esta noble Luna, esto es, cuando lo dio a conocer, brilló como luna llena en sus días. *(Eccli. L)*. Su ciencia y elocuencia causó admiración a todos, y entonces pareció a la Religión Seráfica que le nacía una luz. *(Esther, VIII)*. Fue la luz de esta Luna como la luz del sol. *(Isai. XXX)*. Y podemos decir de Antonio como del pontífice Simón *(Eccli. L)*: «Brilló como el lucero de la mañana en medio de la niebla, y como la luna llena en sus días, y como el sol que resplandece, así resplandeció en la Iglesia de Dios. Como arco reluciente entre las nubes, *matizadas por el sol*, como flor de rosas en la primavera, como lirio junto a la corriente de las aguas, como retoño del árbol del incienso que da fragancia en el verano; como llama luciente e incienso que arde en el fuego». Cuando le rodeaba el coro de los Religiosos era como planta de cedro en el monte Líbano, que descollaba sobre todos los que le rodeaban, y alrededor de él estaban sus hermanos como ramos de palma.

¿Quién podrá hablar de un Santo, cuya gloria excede toda alabanza? Temeridad parece emprender la obra; pero deseamos que se conozcan sus méritos, sus virtudes, sus milagros y sus obras, para gloria de Dios y honra de su Siervo; porque el mismo Espíritu Santo nos dice por el Real Profeta *(Psalm, CL)*: *Que alabemos al Señor en sus Santos.*

Con esta idea recorreremos rápidamente todos los tiempos de este bellísimo *día* y *año místico*, y presentaremos a los devotos lectores un esbozo de este portentoso día de la gracia, para que gocen de la belleza de sus luces, y se internen en la contemplación de sus virtudes admirables, mirándose en él como en un espejo, y trabajando para copiar en sí sus virtudes, ayudados de la divina gracia, y de este modo den gloria a Dios en su Siervo San Antonio. Es San Antonio un Santo a quien Dios ha escogido para comunicar sus dones a las criaturas, y la devoción que le profesamos nos obliga a dar a conocer este conducto por donde nos vienen tantas gracias y favores.

Que el Santo nos bendiga a todos, y nos tome bajo su protección; pues con su ayuda caminaremos seguros.

VALE.

Capítulo I
Aurora y Primavera de San Antonio

Venid, Frailes Menores, hijos del gran Padre San Francisco, y con las palabras de José, hijo de Jacob, os preguntaré: «¿Vive aún vuestro Padre de quien me hablasteis? *(Gen. XLIII)*». ¿Vive aún vuestro Padre Francisco? Vive aún, y vela por nosotros. Estuvo muerto en vida y vive después de muerto. *(Epitaf. S. P. N. Franc.).* Y ¿qué es de su amado Benjamín e Hijo, que también le imitó, Antonio? ¿Es ese vuestro hermano pequeño de quien me hablasteis? *(S. Bonav.).* Ese es, el mismísimo; nació en Lisboa de padres nobles y piadosos.

La sangre de Mártires, como dijo Tertuliano, es semilla de cristianos, y la de los Protomártires Franciscanos fue semilla de una preciosa y bellísima flor, de ciencia, virtud y santidad, conquistada para la Orden Seráfica. Esta flor fue San Antonio, con cuya ciencia se inauguraron los estudios en la Orden Seráfica.

En la ciudad de Lisboa vio la luz esta flor del cielo el año 1195, que llevó por nombre en su niñez y adolescencia Fernando. Educado en la piedad cristiana, se enamoró de María Virgen, Madre de Dios, y a los cinco años le consagró con voto su castidad, postrado ante su Imagen y en presencia de sus padres, que derramaron lágrimas de ternura al ver en su hijo un acto tan heroico, presagio de su admirable vida. Radiante de gracia e inocencia, y prevenido con las bendiciones celestiales, a los diez años se dio a los estudios en hábito eclesiástico, y durante los cinco primeros cursos fue la admiración de sus maestros por su docilidad, fervor y piedad; por su adelanto en los estudios y por su inclinación a las cosas de la Iglesia.

Educado en la piedad cristiana, se enamoró de María Virgen, Madre de Dios...

Arrodillado ante las gradas del altar elevaba al cielo sus plegarias y las unía con las de los abrasados Serafines.

El ángel de tinieblas se le presentó en aspecto formidable, y el inocente joven, sin amedrentarse ni descomponerse, hizo la señal de la cruz sobre el duro mármol, que cedió como si fuese blanda cera, y el espíritu infernal huyó, dejando en paz al inocente angelito. La cruz aparece hoy como testimonio de su virtud y primer prodigio que se vio en la vida del santo joven, aunque su vida era el mayor de los prodigios.

Para confundir más al ángel caído tomó la resolución de abandonar el mundo, y a los quince años llamó a la puerta de la abadía de San Vicente, de Canónigos Regulares de San Agustín, arrastrado por el renombre de santidad, virtud y ciencia que gozaba la abadía. Con el fin de huir del disturbio de amigos y parientes, a los dos años pasó al monasterio de Santa Cruz de Coimbra, donde se entregó todo al estudio y oración con gran fervor. El toque de campana era para él la voz de Dios; la salmodia hacía sus delicias, la mortificación era su armadura, la obediencia el timón que guiaba la navecilla de su alma, y la oración y trato con Dios su mayor dulzura y consuelo.

Retenía en su imaginativa cuanto leía, y sus maestros escribieron de él, que era muy famoso, docto y piadoso, de espíritu culto y elevado, muy religioso, y rodeado de la aureola del mérito y del buen olor de las virtudes.

Refiere el Ilmo. Cornejo en sus Crónicas de la Orden Seráfica, que hallándose un día ocupado el santo joven en trabajos manuales, oyó el toque de campana, que hacía la señal de la elevación, y al momento suspendió su trabajo y se postró en tierra para adorar a Jesús Sacramentado. Las paredes del templo dejaron paso a su fervor, y pudo contemplar la sagrada Hostia en manos del sacerdote. Encargado de velar a un monje enfermo, conoció que se hallaba molestado de alguna ilusión diabólica, y quitándose la muceta la echó sobre el enfermo, y este quedó repentinamente libre y sano.

Era por los años de 1219, y hallándose celebrando el santo sacrificio de la Misa quedó arrebatado en éxtasis, y vio el alma del Hermano limosnero del convento de Olivares, que en forma de blanca paloma subía al cielo. En 1220 fueron martirizados cinco Frailes Menores en Marruecos, y sus reliquias transportadas a Portugal y colocadas en la iglesia abacial de Santa Cruz de Coimbra. Estos Santos, primicias de la Orden Seráfica, fueron espectáculo al mundo, a los Ángeles y a los hombres. Espectáculo de admiración al mundo por su fortaleza, de compasión a los Ángeles y de veneración a los hombres, y para Fernando fueron espectáculo de imitación.

…y sus reliquias transportadas a Portugal…

Se vio entonces sobrecogido de un interno deseo del martirio, y meditando cómo podría lograr esta dicha, sintió en sí una inspiración de hacerse Fraile Menor. Viendo a dos Religiosos, que llegaron a pedir limosna al monasterio, les habló en secreto y les dijo: «Queridísimos hermanos, me siento con una fuerte inspiración de abrazar vuestro Instituto, y desearía se me concediese esta gracia a condición de poder ir a predicar el Evangelio a los sarracenos, para poder participar de la corona de estos Santos Mártires». Aceptaron la propuesta y le prometieron volver para acompañarlo. En tanto el santo joven alcanzó el competente permiso de sus Superiores, y cuando volvieron los Religiosos se despidió de los Canónigos Regulares, y se fue con los Religiosos Menores. Al despedirse, uno de los Canónigos le dijo: «Ve, ve, que sin duda serás santo». A lo que contestó el joven Fernando: «Cuando oyeres que soy santo, alabarás a Dios».

Viste el hábito franciscano.

Los Religiosos Franciscanos acompañaron al nuevo compañero con gran regocijo al convento de San Antonio, poco distante de la ciudad de Coimbra. Para vivir desconocido, y evitar las pesquisas de los parientes y amigos, se mudó el nombre y se llamó Antonio, que significa temible y altisonante, presagio sin duda de lo que había de ser algún día. El monte Etna, cubierto con un manto de nieve, tiene el corazón de fuego; y Antonio, cubierto con el blanco hábito de los Canónigos Regulares, aunque tenía un corazón de fuego, aspiró a los incendios amorosos de Francisco, alimentándolos con la penitencia; y olvidando, como dice San Pablo *(Philip. III)*, lo que queda atrás, y extendiéndose a lo que está delante, fue perfecto imitador de Francisco, como este lo fue de Cristo; y mientras llevaba a Este crucificado en su cuerpo por la mortificación, lo llevaba también en su alma por la continua contemplación.

La sed del martirio, que lo devoraba, le obligó a pedir permiso para pasar a predicar a los sarracenos, y salió del convento en 1220; pero Dios, que le destinaba para otros fines, se dio por satisfecho de los deseos de Antonio, y dispuso que fuese atacado de las fiebres luego que llegó al África. Cuando volvía a su patria guio Dios la nave a las costas de Sicilia. Antonio se quedó con sus deseos, pero resignado a las disposiciones de la Providencia, que lo guiaba en todo.

Oyendo que la Orden celebraba Capítulo en Asís, se fue allá en compañía de Fr. Felipín, y asistió al Capítulo, ocultando su ciencia y sus méritos; por lo que se quedó en Asís mientras los demás Religiosos habían sido destinados a distintos puntos del globo. El ministro de Lombardía, Fr. Graciano, viendo a Antonio, que para él era desconocido, le preguntó si era sacerdote, y habiéndole contestado Antonio afirmativamente, le propuso si quería ir a un conventito desierto para decir la Misa a los Religiosos que moraban en él. Aceptó Fr. Antonio la propuesta, y se fue al Monte Pablo, cerca de Forli.[1]

El martirio, que no pudo obtener de los enemigos de la fe, lo quiso ejecutar por sí mismo, castigando severamente su cuerpo, y entregándose a grandes penitencias, ocupándose también en todos los oficios más humildes, haciéndose objeto de vilipendio, y lo más despreciable de la casa por amor de Jesucristo. Empero, una antorcha tan luminosa no podía quedar por mucho tiempo bajo del celemín, y era necesario que se colocase sobre el candelero. *Sub indocti facie tantum in se gratiæ lumen abscondebat. (Offic. S. Ant.).* «Como en todo era tan humilde, dice San Buenaventura, mereció ser exaltado».

El P. Antonio acompañó a algunos Religiosos a Forli, donde debían ordenarse. El superior local de los Franciscanos invitó a algunos Religiosos Predicadores o Dominicos, que se hallaban presentes, a hacer una plática; pero como todos adujesen sus convenientes excusas para librarse del compromiso, vuelto al P. Antonio le ordenó que dijese alguna cosa, según le sugiriese su espíritu. El humilde Religioso, que hasta entonces había ocultado sus dotes, comenzó a hablar con tal erudición, elocuencia y unción, que dejó pasmados a todos. El apostolado del P. Antonio fue de faustos principios. Luego que el Ministro provincial tuvo noticia de lo sucedido le confirió el oficio de la predicación, y obediente a la voz del Superior, comenzó a recorrer los pueblos y las ciudades, anunciando con gran fruto la palabra de Dios a los fieles. Al tener noticia el Seráfico Padre de la predicación de Antonio, exclamó: Ya *tenemos un Obispo.* Había bendecido el convento de Alenquer, que ofreció al Rey de los cielos las cinco purpúreas Rosas de Marruecos, y mandó también a Antonio la bendición que el patriarca Isaac dio a su hijo Jacob: *El olor de tus vestidos, hijo mío, es semejante a un campo ameno. (Gen. XXVII).*

---

[1] La Crónica de los XXIV Generales, y el Rdo. Flaminio de Parma, con el Breviario de Canónigos Regulares de San Agustín, dicen que San Antonio era sacerdote antes de pasar a la Orden Franciscana. *Martyrii desiderio impulsus, ad Franciscanum Ordinem, jam bene doctus, el sacerdos Jactus transivit.*

...comenzó a hablar con tal erudición, elocuencia y unción...

Deseando instituir en Bolonia la clase de Teología, y buscando un hombre eminente en la ciencia, no encontró ninguno que pudiese regentarla como Antonio[2]. Lo instituyó Lector mandándole el nombramiento siguiente: «A mi querido Fr. Antonio, Fr. Francisco salud en Cristo. Es mi voluntad que enseñes la sagrada Teología a los Frailes, con tal que el estudio no apague en ti el espíritu de la santa oración y devoción, como en la Regla se contiene. A Dios»[3]. Así fue inaugurada la

---

[2] Según Singoni sucedió esto en 1223, cuando San Francisco predicó en la plaza de Bolonia, y hubo un gran terremoto mientras predicaba.

escuela, y así fue instituido el primer Lector de la Orden Seráfica. La escuela que estableció Fr. Juan Stiachia, provincial de Bolonia, en 1216, y que tres años antes había suprimido el Santo Patriarca, había sido regida por maestros seculares. Alejandro de Hales no tomó el hábito hasta el año 1228, y por tanto San Antonio es considerado con todo derecho como el primer Lector de la Orden. Enseñó en Bolonia, Montpelier y Tolosa. *Sapiente Filio Pater gloriatur, hoc et in Antonio digne commendatur. (Offic. S. Ant.).* Gozoso San Francisco de las virtudes de su Benjamin Antonio, y cubiertos los talentos bajo el celemín de la humildad, no queriendo que estuviesen ocultos por más tiempo, lo puso sobre el candelero para que ilustrase la casa e Iglesia de Dios. El abad de Vercelli conoció sus talentos en las conversaciones que ambos tenían, y le parecía que Antonio se paseaba con una vista clara sobre las jerarquías angélicas. Lo llamaba antorcha que lucía con su doctrina y ardía con el divino amor. Resplandecerán los justos, y entre ellos Antonio, con su vida y doctrina, y discurrirán como centellas en el cañaveral, reprendiendo los vicios en las juntas y reuniones de los malos, que sumergidos en el lodo de las inmundicias, vanos y altaneros, como las cañas, se agitan con el viento de la vanidad. *(Card. Hugo).*[4]

---

[3] Crónica de los XXIV Generales, fol. 29, col. 4.

[4] Dicen algunos que San Antonio fue mandado a estudiar por el Seráfico Padre bajo la dirección del abad de Vercelli en compañía de Fr. Adán de Morisco, pero Azzoguidi demuestra lo contrario. La familiaridad que dicho abad tenía con San Antonio fue debida a lo mucho que lo había tratado durante sus predicaciones en Vercelli, no por haber estudiado bajo la dirección de aquel abad. Fray Adán no pertenecía aun a la Orden Seráfica. (Pamfilo da Magliano).

Lo instituyó Lector…

Las primicias de la santidad y de la ciencia, y la aurora y primavera de San Antonio, inauguradas tan felizmente en la Seráfica Orden, debían llegar pronto a su perfección y a su gloria, y llegaron con las predicaciones, enseñanzas y milagros del Santo.

Apenas la primavera sucede al invierno, cuando desaparecen las tristes impresiones del invierno y todo se llena de alegría. Así como la naturaleza siente la influencia de la primavera, el alma siente regocijo cuando Dios le deja sentir de nuevo su presencia, y le muestra su rostro. La noche oscura y el triste invierno de la tribulación y de la ausencia de la divina presencia desaparece con la manifestación del rostro divino;

27

pues se siente el espíritu vivificado con la gracia, y recibe el alma las pruebas más dulces de su amor. La primavera es la renovación general de la tierra; todo nos agrada y embelesa en ella, un nuevo cielo y una nueva tierra aparece para nosotros, y la paz y la alegría nos brindan con sus bienes, y todo aparece cubierto de hermosura. Pasada la noche aparece el alba, y la aurora con su resplandor hermosea la tierra y pone en movimiento los habitantes del orbe. En la noche de aflicción nos entristecemos, y al aparecer la aurora de la gracia desaparece el dolor, se serena el alma y se llena de una alegría celestial. En la primavera vegetan las plantas y todo crece sensiblemente, y en la primavera de Antonio todo apareció sonriente, pues pasado el triste invierno de su vida, oculta y despreciada a los ojos del mundo, llegada la primavera, y colocado sobre el candelero, creció de virtud en virtud, y apareció en el mundo como un portento. Pasada la noche en la humildad y abatimiento, y echando hondas raíces en la virtud, apareció como el astro, para con su científica luz iluminar y vivificar a los ignorantes, y preparar los corazones a alabar a Dios. Pareció despreciable a los ojos de los hombres; pero animado con la fuerza de la obediencia brotó como un bellísimo árbol, fue el honor de la humanidad y el pregonero y heraldo de la gloria del gran Rey, Cristo Jesús; dio calor a las almas, y edificó la casa y templo del Señor. Fue para sus semejantes fuente de vida, de gozo y alegría, pues los rayos de su ciencia y doctrina se extendieron por todas partes. Vibrando los rayos de su luz, y de la llama de su amor, se elevó sobre el horizonte, y llegó a la perfección, sucediendo a la primavera de su vida los presentes y gracias del verano; presentes y gracias que recogió después de la siembra de la divina palabra. Esta la anunció con una solidez y con un espíritu tan elevado, que entusiasmado con la convicción que produce la verdad, arrastraba a sus oyentes. Las crónicas nos han legado cuadros preciosos de su predicación, llenos de gracia y hermosura. «Su alma, nos dicen, era un jardín frondoso y primaveral, fecundado por el rocío y la benéfica lluvia de la comunicación divina; un huerto embalsamado, un vergel lleno de aquellas divinas flores que descendían del cielo, y se llaman humildad, prudencia, espíritu de pobreza y celo evangélico. No se cansaba el pueblo de oírle y de admirar su elocuencia, la elegancia de sus modales, la nobleza de su carácter, su dulzura y afabilidad. En el pulpito, en el confesonario, en las conversaciones con los sacerdotes y con los demás fieles, siempre y en todas partes conservaba aquel espíritu de prudencia que gobierna todas las virtudes, y aquel olvido de sí mismo que conquista todo el cariño y todas las simpatías. Era Antonio bendito de Dios y amado de los hombres. Cuando la ceguedad de espíritu era tan densa que no podían atravesarla las razones y la persuasión, acudía al milagro. A él acudía, como Moisés a la vara misteriosa, para hacer brotar agua de la roca, esto es, para ablandar los corazones y hacer brotar lágrimas de penitencia. Con estas disposiciones de la primavera de su vida entró en el verano para cumplir la misión que le había encargado el Seráfico Patriarca; predicando con tanto más vigor cuanto mayor era el mal que se debía extirpar, cuanto más feroces eran las bestias que asolaban la viña del Señor.

Capítulo II
Mediodía y Verano de San Antonio

Como San Francisco con sus discípulos fue asemejado a Cristo y sus Apóstoles, podemos también asemejar San Antonio a San Pablo, pues así como San Pablo sin ser del número de los doce Apóstoles se conquistó el título de Apóstol por antonomasia, del mismo modo San Antonio puede llamarse Apóstol minorita por excelencia. Fue para la Orden un sol esplendoroso, que la iluminó e hizo crecer con la virtud de su celo y de su amor. Al sol debemos la mudanza que se nota en el paso de la primavera al verano, y los presentes de este suceden a las gracias de aquélla; y a San Antonio se debió la mudanza en bien y perfección de los nacientes principios de la Orden, pues veló por su observancia, y apeló al fuego de su amor, a la pobreza, para apagar los fuegos de la vanidad y relajación. El calor del sol nos eleva a Dios, fuente de todo bien y padre de toda luz, y Antonio levantó los corazones de todos del funesto abismo de las tinieblas a la luz de la verdad, y a reconocer a Dios Padre y conservador de las criaturas; y así como el sol es dócil y obediente instrumento de la bondad de Dios, fiel ejecutor de sus órdenes y pregonero de sus grandezas, Antonio fue el instrumento dócil y sumiso de Dios, que anunció las órdenes divinas a los hombres, y sembró de virtudes el campo de la Iglesia católica, que es el cielo en que se mueven los astros y pregoneros de las órdenes del Señor. Deja el sol los signos de la primavera, y llegando al solsticio domina lo más alto del cielo y comienza el estío o verano. Dejó Antonio la vida retirada donde se proveyó de los instrumentos de su trabajo, de la virtud y santidad, y llegó al candelero para dominar e iluminar al mundo.

Llegaron dos Ángeles a Sodoma. *(Gen. XIX)*. Por Sodoma, dice Hugo, se significa el mundo, y por los Ángeles los predicadores. Ángel y predicador iluminado y ardoroso era Antonio, recorriendo con su predicación casi toda la Sodoma; pero sin dejar el oficio del convento. Dos veces quedó extasiado en los pulpitos de Limoges y Montpelier, para leer en coro la lección y entonar la antífona, que no había podido encomendar a otro, suspendiendo el oficio apostólico para cumplir el divino. Lo que prueba la excelencia de la salmodia eclesiástica entonada por los espíritus seráficos y los apocalípticos animales. A ellos imita la Iglesia en la salmodia ordinaria. Y ¿qué se ve en las iglesias del Clero y Regulares sino coros de escuadrones? *(Cant. VII)*. En el coro voces de los que cantan, y en los espíritus manos armadas, dice la Glosa; y Dios quiere la voz de los que cantan y las manos de los predicadores. Los ensalzamientos o alabanzas de Dios en sus bocas, y espadas de dos filos en sus manos, dice David *(Psalm. CXLIX)*, para hacer venganza en las naciones, represiones en los pueblos. Empero, es tanta la dignidad del canto en la reunión o coro de alabanza, que por ella suspendió Antonio la espada de la represión.

Dos veces quedó extasiado…

Lo que es el alma al cuerpo, dice San Agustín, es el Espíritu Santo al alma; pues sin Él no vive el alma con la vida de la gracia, no siente, ni entiende, ni se mueve para las cosas celestiales: *Sine tuo Numine nihil est in homine.* Y ¿quién negará que Antonio se hallaba lleno del Espíritu Santo, con cuya abundancia llenó a los demás? Dios enciende en nosotros una clara antorcha, la gracia del Espíritu Santo; y San Antonio encendió la luz de un Novicio que se le había apagado. Habiendo este tomado el hábito, faltándole o apagada en él la gracia del Espíritu Santo, había perdido la inteligencia, el sentido y movimiento para las cosas del cielo, y se disponía para dejar el hábito, pero sopló en su boca el Santo, y le dijo: *Accipe Spiritum Sanctum: Recibe el Espíritu Santo*; y el Novicio cayo en tierra; pero levantado por Antonio y animado del Espíritu Santo, perseveró constante en su vocación. Para no perder y apagar la gracia del Espíritu Santo exhortaba Antonio a los pueblos, y ordenaba que cerrasen los agujeros y la puerta contra los vientos de la malignidad. Los agujeros son en nosotros los sentidos, esto es, el oído y los ojos, y la puerta es la boca. Antonio cierra la puerta para que no entre el viento o el polvo de la vanidad, e infunde en los sentidos el suave aceite de la caridad, y no el vino de la embriaguez.

...sopló en su boca...

Preparado Antonio con los dones del Espíritu Santo, su predicación no podía menos de ser maravillosa. A fin de poder cautivar mejor, y asimismo preparar a los oyentes para recibir los dones de Dios, le dotó el Señor también de todos los dones de naturaleza y gracia. «Tenía San Antonio, dicen sus contemporáneos, un aspecto benigno y afable, un aire atractivo, una voz sonora y fuerte, clara y suave, una felicísima memoria, un porte gracioso, y variando el tono de voz se insinuaba al auditorio de una manera admirable. Pero lo principal de su persona era la elocuencia, que nacía de la unción con que pronunciaba sus sermones. El amor con que predicaba la práctica de las virtudes cristianas le hacía hablar con tanto celo, que no se le podía resistir, y sus palabras eran otros tantos dardos que penetraban el corazón de sus oyentes. *(Fr. Julián de Spira, autor del rezo del Santo)*». A esto se añade su espíritu profético, y la virtud de hacer tan estupendos milagros; dones todos que lo hicieron admirable, y fue el gran apóstol de aquella época.

Sus grandes predicaciones tuvieron lugar en Francia e Italia. Refieren Tomás de Celano y San Buenaventura, que viviendo aún San Francisco se celebró un Capítulo provincial en la Provenza, el 14 de septiembre de 1226, y asistió San Antonio. «Mientras el insigne predicador, dice San Buenaventura, que hoy es un ilustre Siervo de Cristo, dirigía la palabra a los Frailes en el Capítulo de Arles, uno de mucha virtud, llamado Monaldo, volviéndose por divino impulso hacia la puerta de la sala Capitular, vio con los ojos corpóreos al bienaventurado Francisco, sostenido en el aire, que extendiendo sus manos en forma de cruz bendecía a los Frailes. Todos se sintieron llenos de un consuelo inefable, que los cercioraba de la presencia del Santo, y esto no solamente fue comprobado con signos evidentes, sino también con las palabras del mismo Santo». Tanto apreciaba San Francisco a su discípulo Antonio, que por la gran santidad y su gran erudición le solía llamar *su Obispo. (Lej. Maj.)*. Siendo San Antonio Custodio de Limoges (Francia), recorriendo los pueblos llegó a Bourges, y noticioso el pueblo de su llegada concurrió tanta gente a la iglesia, que los canónigos determinaron que todo el pueblo saliese al campo; pues no eran capaces las iglesias, ni había lugar en la ciudad que pudiese contener tanta gente. El día estaba muy claro, y cuando comenzó a predicar se encapotó el cielo y se formó una gran tempestad.

...no os mováis...

…subió a una azotea…

El Santo les dijo en voz alta: «Tened buen ánimo, y no os mováis, pues no os tocará una sola gota». Así sucedió, y el fruto de su sermón fue abundante.

Una pobre mujer deseaba oír al Santo; pero su marido no le dejaba ir; subió a una azotea, y lo oyó con toda claridad a dos millas de distancia, como también su marido.

«Yo veo, decía Jeremías *(cap. I)*, una olla encendida y una vara vigilante», y Antonio fue esta vara vigilante, que salvó de una caldera hirviendo a un niño que cayó en ella en ausencia de la madre que lo había dejado para oír un sermón del Santo. Al volver a casa encontró al niño nadando dentro de la caldera, como si estuviese en un baño, sin haber padecido daño alguno. A los que sirven a Dios les obedecen los elementos, como obedecieron a los tres niños que bendecían a Dios en el horno de fuego. *(Daniel, III)*. A otra pobre madre se le ahogó el hijo mientras estaba oyendo el sermón, y Antonio se lo devolvió sano y bueno en presencia de la multitud. Los que oyen con devoción la palabra divina, reciben abundantes y grandes consuelos.

…salvó… a un niño…

En las partes de Tolosa, Bourges, llenas entonces de herejes, desplegó un celo extraordinario en la predicación y en las discusiones con los herejes. El judío Guillard o Guyard, no teniendo que oponer a sus razones argumento alguno en contra de la Eucaristía, pidió un milagro, esto es, que un mulo hambriento de tres días dejase de comer ante el Santísimo Sacramento. El Santo aceptó la propuesta, y, determinada la hora y el lugar, se reunió un gentío inmenso, tanto de católicos como de herejes, y se presentó con el Santísimo Sacramento. Mandó al mulo, que estaba comiendo, que dejase el alimento y adorase a su Criador. El animal dejó la comida, y se arrodilló delante del Señor Sacramentado. Los católicos se llenaron de gozo, y bendijeron alegremente a Dios, y el hereje abjuró sus errores y se reconcilió con la Iglesia, levantando después una iglesia al apóstol San Pedro. En la historia llaman a este Guialdo.

El animal dejó la comida, y...

Predicando en la ciudad de Puy se encontró varias veces con un Notario de costumbres lúbricas y muy mundano. El Santo, siempre que lo encontraba, se descubría la cabeza y se inclinaba delante de él. El Notario lo tomó como una irrisión, y huía de su encuentro. Un día no pudo ocultarse, y viéndose tratado como otras veces, montó en cólera y dijo al Santo: «Si no temiese la ira de Dios te pasaría con la espada de parte a parte; pues me pones en ridículo». San Antonio le respondió: «Esto lo hago porque respeto en ti un mártir del Señor». El Notario se echó a reír, pero la profecía se cumplió exactamente, pues partiendo el Notario para Jerusalén dio allí su vida por la fe.[5]

---

[5] El Santo le pidió que cuando sufriese el martirio rogase a Dios por él, y el Notario le hizo saber por un peregrino que lo había tenido presente durante el martirio.

…se descubría… y se inclinaba…

A una mujer que se encomendó a sus oraciones para tener un feliz parto, le predijo que daría a luz un mártir. Efectivamente, tuvo un hijo llamado Felipe, que tomó a su debido tiempo el hábito Franciscano, y predicando la fe a los sarracenos en Azoto, alcanzó la palma del martirio. Estando el Santo en el Languedoc (Francia), pasó el Pirineo predicando contra los herejes, que habían penetrado en Cataluña, y celebró en la capilla abacial de San Juan de las Abadesas. Así consta del libro del abad Bianya, llamado también Armengol, fol. 12. *(Parassols y Pi)*.

...le predijo que daría a luz un mártir.

Por los años de 1226 a 1227 San Antonio volvió a Italia, y nombrado Ministro provincial de Emilia, demostró también su celo apostólico en la conversión de los herejes. Rímini era una de las ciudades que servían de refugio a los herejes. Disputando con ellos, y no pudiendo reducirlos a buen camino, inspirado de Dios, llamó a los peces que viniesen a escuchar la palabra divina, ya que los herejes se hacían sordos. Los peces se acercaron a la orilla del mar, y predicando el Santo le escuchaban atentamente como si fuesen capaces de entender lo que les predicaba. Al ver esto, muchos herejes se convirtieron, y entre ellos un tal Bonvillo, aferrado en la herejía hacía más de treinta años.

…llamó a los peces…

Uno de los herejes contumaces invitó al Santo a comer en su casa. El Santo aceptó la invitación, y no obstante que sabía que los alimentos estaban envenenados, después de haberlo reprendido, le dijo: «Para que veas como el Evangelio tiene razón cuando dice, que cogerán las serpientes, y no les dañarán, beberán el veneno, y no les hará mal, comeré y beberé sin temer daño alguno del veneno». Con razón fue llamado el martillo de los herejes. Corría de pueblo en pueblo y de ciudad en ciudad con un celo apostólico, y en todas partes recogía abundantes frutos, obrando el Señor muchos milagros en confirmación de la verdad.

...comeré y beberé...

Predicaba sobre la muerte de un usurario, y dijo: «*Donde está vuestro tesoro allí estará vuestro corazón*. Ha muerto este rico y ha sido sepultado en el infierno. Id y ved sus tesoros, y encontraréis allí su corazón». Fueron a verlo sus parientes y amigos, y encontraron el corazón en medio del dinero acumulado con usuras, tal como lo había predicado el Santo.

La predicación del Santo era discreta; pero no por eso dejaba de predicar así a los grandes como a los pequeños, sin aceptación de personas, con equidad y justicia. El que con el deseo del martirio quiso predicar el Evangelio a los infieles, no temió en anunciarlo libremente a los malos cristianos.

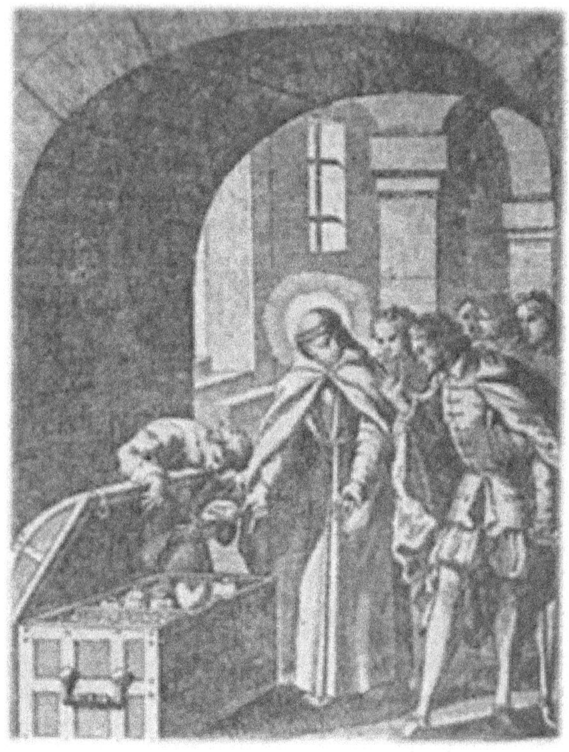

...encontraron allí su corazón.

Es bien conocido el valor que mostró con el tirano Ezelino. Era temido este tirano, dice Salimbene, más aún que el demonio; pues tenía en nada la vida de los hombres, y ejecutaba actos de una exquisita crueldad. Superó a Nerón, a Domiciano, Decio y Diocleciano. En un día hizo quemar once mil cristianos en la ciudad de Verona. Cuando mandó pegar fuego a las chozas en que estaban los infelices, y se hallaban en medio de las llamas, él se divertía en torno de ellos con los soldados. Conmovido Antonio al ver una semejante barbarie fue al palacio, y pedida y obtenida audiencia, apostrofó al tirano en esta forma: «Tirano cruel, ¿hasta cuándo seguirás derramando la sangre de los inocentes? ¿No sabes que te has hecho abominable delante de Dios por tales maldades? Ten entendido, que pesa sobre tu cabeza la terrible sentencia de Dios vivo»[6]. Los cortesanos esperaban la orden para concluir con el predicador, pero ¿cuál no fue su pasmo al ver convertido en manso cordero aquel fiero lobo, bajar del trono, quitarse el cinto, y puesto al cuello echarse a los pies del Santo implorando perdón de la misericordia divina, prometiendo de todo corazón la enmienda? «No os maravilléis, dijo a los soldados, de lo que acabáis de presenciar; pues vi un rayo divino que irradiaba el semblante de ese hombre, y me aterró hasta el punto de creer que me arrojaba a lo profundo de los abismos».

---

[6] Contra virum sanguinum — Clamat et dolosum — Quod hoc genus hominum — Deo sit exosum. (Brev. 13 Jun.).

…vi un rayo divino…

…todos le entendieron…

En San Antonio se renovó el milagro de Pentecostés en Jerusalén; pues predicando en Roma por orden del Papa, con ocasión de una concurrencia de peregrinos de todas las naciones, todos le entendieron en su propia lengua. Como los ninivitas por la predicación de Jonás, así se convertían los pueblos por la predicación de Antonio; y aparecieron públicos penitentes, que dieron origen a varias Cofradías, que hacían penitencia, se llenaban de cilicios, y se disciplinaban rigurosamente para aplacar al Señor. Tomaron el nombre de flagelantes, que más tarde degeneraron en herejes, y fueron castigados.

Entre los penitentes se presentó uno, que por el gran dolor de sus culpas no podía articular palabra. Avisado entonces por el Santo que escribiese sus pecados, obedeció; pero al presentar el papel donde los había escrito, vio que estaban del todo borrados, sin que hubiese quedado ni una línea.

…vio que estaban del todo borrados…

Se acusó otro de que había dado un puntapié a su madre. San Antonio dijo que aquel pie merecía ser cortado. El ciudadano de Padua Leonardo, tomando a la letra las palabras del Santo, se levantó del confesonario, y llegando a casa se cortó el pie. Antonio, luego que lo supo, se fue a su casa, y con la señal de la cruz lo sanó perfectamente.

...Con la señal de la cruz lo sanó...

Aparece milagrosamente para defender a su padre...

Martín de Bullón, padre del Santo, y gentilhombre de la corte, al dar cuenta de la administración de los bienes del Rey, se fio demasiado de la bondad de los ministros, y no se cuidó de pedirles recibo. Un día le citaron para pagar la misma cantidad, y, como no podía mostrar ningún documento, se vio en un trance apurado. A la sazón se apareció milagrosamente Antonio para defender a su padre, y obligó a los ministros a dar recibo a su padre de la cantidad que ya había entregado, notándoles el Santo todas las circunstancias del día, lugar, la suma y hasta la moneda con que les había pagado. En otra ocasión libró a su padre de la muerte; pues habiendo unos malvados dado muerte a un joven, echaron el cadáver en un huerto de Martín para despistar a la justicia. Supo el Santo por revelación divina el estado en que se hallaba, y presentándose en el lugar del suceso hizo aparecer al difunto, y le obligó a confesar delante de los jueces la inocencia de su padre; por lo cual el tribunal revocó la sentencia que contra él se había dado. Algunos niegan estos hechos, pero no aducen razones suficientes para desecharlos.

«En aquel día, dice el Señor por Ezequiel, *(cap. XXX)*, saldrán mensajeros despachados por Mí». Los buenos mensajeros son los Ángeles, dice Hugo, que anuncian la paz y salud, y son también los predicadores, enviados por Dios a los pueblos para anunciarles los vicios y virtudes, la pena y la gloria. Hay también mensajeros perversos, como son los demonios, que perturban el corazón del hombre con malas noticias. Desde su ruina tiene Satanás nuncios, que aumentando males sobre males perturban la paz y tranquilidad de los buenos. Predicaba San Antonio, y se introdujo el demonio en el auditorio en traje de correo, para entregar una carta a una devota señora que escuchaba la divina palabra. En ella anunciaba a la interesada la muerte de su hijo de una manera violenta.

No os turbéis, señora…

Se turbó la buena mujer; pero conociendo San Antonio las malas mañas del demonio, descubrió el engaño, y levantando la voz dijo: «No os turbéis, señora, que el joven de que os habla el impostor goza de buena salud, y dentro de poco lo abrazaréis». Como buen enviado consoló a la madre con las buenas noticias, que vio cumplidas, como se lo decía, y se confirmó en su devoción.

San Francisco mandó a sus hijos por el mundo ordenándoles que fuesen a la apostólica, sin bolsas ni dinero. Y ¿a dónde irán a hospedarse? A la casa de aquel que Dios conoce, como mandó Jesús a sus discípulos. «Id a la ciudad, a casa de una cierta persona. *(Matth. XXVI)*». ¿Quién os recibirá? ¿Quién os dará hospedaje? «Encontraréis un hombre… seguidle… él os mostrará la sala y os dará de cenar». Se dirigía San Antonio al Capítulo general celebrado en Asís el 30 de mayo de 1227, y pasando por un pueblecito de la Provenza se hospedó en casa de una devota mujer. Esta lo recibió con mucho cariño y se desvelaba en su servicio. Pidió prestada una copa, y le ofreció un vaso de vino; pero el compañero del Santo, fuese por incuria o por uno de esos accidentes tan comunes, se dejó caer el vaso y se hizo pedazos. La mujer se afanó para servirles otro; pero al bajar a la bodega vio con dolor que todo el vino se había vaciado por haber dejado abierta la espita de la cuba. Toda acongojada representó al Santo su desgracia, y le rogó que se compadeciese de ella. El Santo recompuso el vaso e hizo aparecer la cubita llena de vino. «No olvidéis la hospitalidad, dice San Pablo *(Hebr. XIII)*, pues nunca deja de traer utilidades, bien sean materiales o bien espirituales».

…Se dejó caer el vaso…

Pregunta Jeremías, (*cap. XIII*), si puede mudar el negro su piel, y el leopardo sus pintas; y responde Lyra que esto es imposible, porque a ambos les son naturales. Y vosotros, añade el Profeta, ¿podréis hacer bien habiendo aprendido el mal? Empero, el pecador tiene sus manchas y negrura, no por naturaleza, sino por voluntad, aunque la costumbre de pecar haya pasado en él a ser naturaleza. ¿Será imposible al pecador mudar sus manchas y negrura? Lo que a los hombres es imposible, es posible a Dios; de suerte que no es el etíope o el leopardo el que parece mudar su naturaleza, sino Dios que obra en ellos. Esta obra del poder y clemencia divina experimentaron los doce, otros dicen veintidós, ladrones que se convirtieron a causa de un sermón de San Antonio. Dejaron la negrura y las manchas de la piel. Ningún pecador desespere, pues Moab, dice David *(Psalm, LIX)*, es la olla de mi esperanza, esto es, los grandes pecadores, que alcanzaron el perdón, me dan esperanza, dice Hugo.

…Se convirtieron…

Aborrecían los egipcios a los hijos de Israel, y como Faraón veía en cada israelita un enemigo, mandó que ahogasen a todos los varones, y salvasen a las mujeres. Faraón es el demonio, y se reserva las mujeres, los tímidos y cobardes, y los hombres delicados, y trabaja para ahogar los que con su predicación le han de mover guerra. Antonio era varón y

Moisés guerrero, cuyo nombre es, date prisa y coge los despojos *(Isai. VIII)*, quita presto al diablo las almas que ha robado, date prisa a robar al infierno. Conociendo el Faraón infernal que Antonio le había de quitar las almas que estaban bajo su poder, intentó ahogarlo, pero le socorrió la mano bienhechora de la gran Madre de Dios, y salvó a Antonio, como a otro Moisés, a quien Dios constituyó dios de Faraón *(Exod. VII)*, dándole potestad de hacer milagros a la manera que Dios los hace.

…Le socorrió la mano…

Finalmente, completaremos el mediodía o estío de San Antonio refiriendo el portentoso milagro en favor de una madre inocente.

Por boca de niños y que aún maman hace Dios que se le alabe a causa de sus enemigos, para destruir al enemigo y vengativo, dice David. *(Psalm. VIII)*. Un celoso marido había cobrado odio a su mujer, y tenía concebido el proyecto de matarla. La mujer apeló a San Antonio para que la librase de la tiranía del marido. Dio a luz la mujer, y el marido rehusaba reconocer al hijo. Se presentó Antonio, y en presencia de varios amigos y conocidos tomó al niño en los brazos y le dijo:

— Criatura de Dios, en virtud de su Santísimo Nombre dime quién es tu padre.

El niño dijo en voz clara:

— Este es mi padre.

Así defendió el Señor la inocencia de aquella afligida mujer, y sanó al marido de la pasión de odio y venganza.[7]

A coronar de frutos el verano de San Antonio descendió la sabiduría eterna, y lo regaló haciendo trono de sus brazos, y dándole tiernos abrazos. Se hallaba el Santo en oración durante el silencio de la noche, y entre resplandores celestiales vio cómo se abrían los cielos y descendía el Rey de la gloria en forma de gracioso Niño a abrazarlo y regalarse con él.

---

[7] Laus perfecta profluit — Ex lactentis ore, — In quo Christus destruit — Hostem cum ultore. *(Offic. S. Ant.)*

…Vio cómo se abrían los cielos…

Quiso el divino Niño que el sencillo y piadoso señor que había acogido al Santo disfrutase de esta maravillosa visión, y vio a Antonio extasiado. Cuando desapareció la visión, el Santo encargó al dueño de la casa que tuviese oculto este sacramento, y se lo prometió; porque sabía que era un deber tener oculto el sacramento del Rey. Empero, sabía también que manifestar las obras de Dios era un deber para alabar a la Majestad divina, y lo manifestó con gran satisfacción y contento después de la muerte del Santo, para gloria de Dios y honra de su Siervo; pues no hay duda que este fue uno de los mayores favores que el Señor concedió a su siervo Antonio. Este prodigio afirman unos que sucedió en el

Lemosín (Limoges y su territorio), y otros en Arcella o Campo-San-Piero, cerca de Padua.

Entrando en el verano de la naturaleza las plantas van dando cada una sus frutos, y enriqueciendo al hombre; y lo que pasa en el verano natural sucede en el verano de la gracia. Esta sazona los frutos en los Santos, y los dispone para recibir el premio de sus virtudes y coronarse de gloria. Glorifican a Dios con sus obras, y están preparados para que Dios disponga de ellos como dispone de las mieses que ha dado el verano. La naturaleza ha desplegado en la tierra la Majestad del Autor, y la gracia ha obrado en los Santos prodigios y portentos. La vasta creación es como el santuario de la divinidad, y el mundo un templo consagrado a su gloria. Las criaturas son un himno de amor, y cada una de ellas es un verso de ese himno. San Antonio fue uno de los versos más dulces y armoniosos de ese himno grandioso y sublime, y Dios lo mandó al mundo para producir la divina armonía que brota de los frutos de su verano, aquella melodía suave y sublime que nos arrebata hacia el trono de Dios. Fue Antonio el hombre prodigioso destinado por Dios para llenar de maravillas el mundo, de consuelo las almas, y de hijos de Dios el cielo. Este prodigio llega ya a su ocaso, llega al otoño para recoger el fruto.

La divisa del Santo era conocer y amar para llegar al fin perfecto de la vida religiosa y del estado sacerdotal. La escala misteriosa de Jacob era para él símbolo de las ascensiones de su espíritu, y valiéndose de las alas de la razón y de la fe se elevó a la contemplación de la Belleza eterna para descender lleno de riquezas celestiales y hacer ricos con ellas a sus prójimos. Como águila se cernía sobre las alturas en el océano de luz del firmamento, y reposaba entre aquellas bellezas como en el lugar de sus delicias. De él decía el Abad de Vercelli: «Sucede con frecuencia que el amor penetra más adentro que la ciencia. Esto he visto en San Antonio, de la Orden de Frailes Menores. Había otros más versados que él en las ciencias profanas, pero no tenía rival en la teología mística. Hombre extraordinario, de corazón sencillo, que rebosaba de amor, se podía decir de él como del Bautista, que *era una antorcha que ardía e iluminaba.*

Interiormente se abrasaba de amor, y exteriormente despedía llamas de un fervor angélico».

San Antonio era orador por naturaleza y apóstol por vocación. De mediana estatura, color moreno, complexión robusta, fisonomía de una dulzura angélica, dotado de una juventud perpetua y de la madurez de talento con dones admirables, y sobre todo del de la palabra. Poseía todas las cualidades de orador sagrado, que son: gracia que atrae, fuego que abrasa, poder que subyuga, conocimiento del corazón humano, y ciencia de las sagradas Escrituras. Era *arca del testamento, y armario de las divinas Escrituras*, según Gregorio IX. Los Profetas le prestaban los más bellos colores, los Evangelistas las parábolas más encantadoras, y los Padres de la Iglesia los argumentos más sólidos y una viril elocuencia. Oía las palabras del Señor: «Clama, no ceses; eleva tu voz como trompeta. Anuncia a mi pueblo sus iniquidades, y a la casa de Jacob sus defecciones». Siendo la voz de Dios, fue poderoso en obras y palabras.

La vida del predicador se la había trazado el Santo de antemano, y después nos la dejó escrita para nuestra edificación y gobierno. «Esta vida, decía, debe ser toda celestial y en armonía con la doctrina que anuncia; su conversación santa y su fin la salvación de las almas. Debe levantar al caído, consolar al que llora, y repartir las gracias como la nube de verano reparte la lluvia, con humildad perfecta y con absoluto desinterés. La oración ha de ser el lugar de sus delicias, sin olvidar jamás, ni en los gozos ni en las angustias, la Pasión del Señor. Guardando este proceder el Verbo de Dios, que es Verbo de paz y de vida, descenderá sobre él y lo inundará de luz». A pesar de la modestia del Santo, la celebridad le siguió como la sombra al cuerpo, y los prodigios le daban tal ascendiente, que nadie se le resistía. Cogió tales y tantos frutos, que el verano de su vida fue de los más abundantes que se han visto en la viña del Señor. Fue, como el Apóstol, un vaso de elección.

Capítulo III
Tarde y Otoño de San Antonio

A las gracias del estío o verano siguen las dulzuras y frutos del otoño. Los árboles cargados de frutos invitan con ellos para que nos alimentemos y los recojamos, haciendo provisión para continuar disfrutando de su suavidad y dulzura.

La hoz del segador ha cortado las doradas espigas para llenar las trojes del fruto de los campos, y las viñas nos brindan con sus uvas, de donde salen los vivificantes licores que con el pan alegran el corazón del hombre. «Produces heno para las bestias, decía David *(Psalm, CIII)*, hierba para el servicio de los hombres, para sacar el pan de la tierra y el vino que alegra el corazón del hombre». Desaparecieron las flores, los cantos de las aves, y la naturaleza comienza a despojarse de sus galas para enriquecer al hombre. Este no disfruta con la vista del campo; pero no deja de gozar con el recuerdo de que lo que había antes en el campo ha pasado a sus trojes, y el recuerdo de estos dones lo colma de alegría y esperanza. Además, sabe que la naturaleza comienza a trabajar de nuevo en secreto para llenarlo más tarde de felicidad. Miremos en el otoño de nuestra vida las provisiones hechas en el verano de nuestra juventud. Si tenemos un otoño copioso de frutos buenos y bien sazonados, nos espera un invierno de honra para nosotros, y de utilidad para nuestros prójimos, y así podremos bajar al sepulcro satisfechos de haber hecho todo el bien que esperaba de nosotros el Señor.

Llegamos ya a la tarde y otoño de San Antonio, y así como en la tarde se recogen los frutos del día, y en el otoño se almacenan los frutos sazonados con que nos han regalado los árboles y plantas, San Antonio, rico con los trabajos del día y lleno de los bellísimos frutos de virtudes del verano, se retiró a un lugar solitario para entregarse a la oración y a la contemplación de las cosas divinas. Renunció el cargo de Ministro Provincial en 1230, y predicó la última Cuaresma en Padua el año 1231. Por la afluencia de gente, que de todas partes acudía a oír de sus labios la divina palabra, se vio obligado a predicar en el campo, al aire libre, y se calcula que los oyentes ordinarios no bajarían de treinta mil (30,000) personas. Todos le oían perfectamente, y los partidos, que se odiaban a muerte, se reconciliaban, daban libertad a los prisioneros, se perdonaban unos a otros las deudas, y se restituía lo mal habido; se reparaban los escándalos públicos, y los sacerdotes eran insuficientes para atender a la gente que se acercaba a recibir los Santos Sacramentos.

Profesaba una tierna devoción a la Reina de los Ángeles, María Santísima, y recibió de su liberal mano grandes favores. Celebraba con singular afecto sus fiestas, sobre todo la de la Purísima Concepción, y la Asunción a los cielos. Había leído que el Máximo Doctor de la Iglesia San Jerónimo ponía en duda la glorificación del cuerpo de María, y quedó muy sentido de que un tan gran Doctor dudase de lo que una tradición inmemorial y siempre constante había enseñado. Llegó la fiesta de San Jerónimo, y por el desabrimiento que le causó la duda del Santo, determinó dejar el rezo del coro, y quedarse en oración en su celda. Estando ocupado en estos sentimientos se le apareció la Madre de Dios en compañía de San Jerónimo y otros cortesanos del cielo, y después de agradecerle el celo que tenía por sus glorias, le dijo: «Que gozaba en cuerpo y alma de la gloria del cielo, como lo confiesa la Iglesia; pero que no perjudicaba al misterio de su Asunción en cuerpo y alma a los cielos la duda con que escribió el Santo Doctor; pues el no escribir en su favor no fue porque le faltasen razones para ello, fundadas en la infinita dignidad de la Madre de Dios y en la tradición constante; sino que el intento del Santo fue dar a entender, que en las Escrituras no hay texto alguno expreso que declare esta verdad». Quedó el Siervo de Dios muy consolado con esta visión, y luego que desapareció se fue a rezar los *Maitines* al coro.

En la oración recibió grandes favores, y su eficacia la atestiguan los innumerables milagros, y las gracias que obtenía en favor de sus devotos.

En la soledad se fortifican las almas de los justos; pues en ella habla Dios al corazón, se respira un aire de recogimiento y concentración, la paz inunda el corazón, y se entra con más facilidad en tratos con Dios. Los demonios se fingieron salteadores y aparecieron una noche devastando el campo de un bienhechor del convento. Los Religiosos dieron noticia al Santo, y este les respondió: «No hagáis caso de los artificios de Satanás, que quiere apartarnos del ejercicio de la presencia de Dios». Al día siguiente vieron los Religiosos que el campo se hallaba intacto, y con esto se certificaron más y más de la abundancia de dones con que Dios había adornado al alma de su Siervo. Las oraciones de los Santos demuestran el poder que estos tienen para con Dios, y sus bendiciones son gérmenes de vida y resurrección; y esto se vio en los frutos que recogió el Santo en la lucha contra la herejía, y en favor de la cruz. Caminaba el Santo a pasos agigantados por los caminos de su apostolado, y justificado con las bendiciones del cielo, invitaba a todas las criaturas a bendecir al Criador; al pájaro que canta, a la flor que embalsama la atmósfera, a la viña que embellece las pendientes, al olivo de pálido follaje, al astro del día que vivifica la naturaleza, y en unión de todas glorificaba al Supremo Hacedor del universo. Con el Rey cantor decía todo entusiasmado: «¡Oh! cielos, bendecid al Señor; bendecidle astros del firmamento; montañas y colinas, bendecid al Señor; bendecidle mares y ríos; reyes y pueblos, jóvenes y vírgenes, ancianos y niños, y criaturas todas bendecid al Señor». La creación le servía de escala para remontarse a las alturas del cielo.

Un marido celoso tenía una compañera muy devota de los Frailes Menores, y arrebatado un día de furor le arrancó los cabellos. La pobre mujer recogió los cabellos y se fue a San Antonio, confiada en que le proveería de remedio. Horrorizado el Santo pidió a los Religiosos que hiciesen oración, y le restituyó la cabellera. El marido al ver el prodigio dejó los celos y el odio que tenía a los Religiosos, y se hizo más devoto y bienhechor de los Frailes que su piadosa consorte. Oficina de dolores llama San Basilio al matrimonio; y como las enemistades conyugales son tan implacables cuanto son más indisolubles, el matrimonio es un lazo tan duro y fuerte como el hierro, dice San Agustín; pero San Antonio sabe aplacarlas.

Horrorizado el Santo…

No se hallaba entre los israelitas herrero alguno *(Reg. XIII)*, pues los filisteos lo habían dispuesto así a fin de que los hebreos no fabricasen lanzas ni espadas. Herreros son los predicadores y Doctores, dice la Glosa, y San Antonio tenía palabras como de ardiente fuego, y eran como un martillo que rompe las piedras. *(Jerem. XXIII)*. Esta fragua ardiente, yunque y martillo, intentaban echar por tierra los filisteos, esto es, los espíritus malignos, dice Hugo; pero sus maquinaciones las había previsto San Antonio; no las temía, y con facilidad las eludía. Por la multitud de gente que acudía a sus sermones se levantó el pulpito en la plaza, y previno al auditorio que no se inmutasen por contratiempo alguno, pues el demonio intentaría disturbarlos. Al poco rato vieron cómo se desplomaba el pulpito, pero Antonio destruyó las maquinaciones diabólicas, y ninguno del auditorio recibió daño.

...No las temía...

Huyó del convento un novicio y se llevó el Salterio que el Santo había glosado para sus predicaciones. Antonio acudió a la oración para hacer volver al novicio, y como la oración es arma tan poderosa, obligó con ella al novicio a volver al convento. Al querer pasar un puente se le apareció el demonio con un aspecto horrible, y sacando una espada le amenazó de muerte si no devolvía el Salterio a Antonio. Como por instigación del demonio había hecho el novicio aquel robo, quiso el Santo que el mismo demonio interviniese en la restitución. El novicio volvió, y postrado a los pies del Santo le restituyó el Salterio, y le pidió perdón con muchas lágrimas. El novicio perseveró en la Religión, y el demonio, que no lo creía digno de perdón, muy a pesar suyo le obligó a volver al buen camino, y pudo decir el afortunado novicio, que la salud le venía de sus enemigos, y por mano de aquellos que le aborrecían. *(Luc. I)*.

…El novicio volvió…

El Benjamín de Francisco era Antonio, y celaba el testamento de su padre con ardor. Nada amaba más Francisco que la pobreza, a la que llamaba su esposa, y Antonio la veneraba como a su madre. Bajo el mando del General Elías la pobreza quedaba viuda y desolada, pues no la miraba como madre, sino como madrastra, y parecía que la quería desterrar de la casa de los Menores con sus dos compañeras la sencillez y la humildad. Antonio salió a su defensa, se presentó al Vicario de Cristo, y fue atendido, logrando que se respetase y guardase la pobreza evangélica que prescribe la Regla. Aquí se vio depuesta y deprimida la arrogancia mundana, y exaltada y engrandecida la humildad evangélica.

Para evitar los aplausos mundanos Antonio se retiró a hacer vida de solitario, pero la gloria de los milagros le seguía como la sombra. Lo notó una devota mujer, que tenía un hijo tullido de los pies, y le salió al encuentro para que le diese la bendición. Antonio se resistía, pero la devota mujer, como otra Cananea, instaba con más importunidad, y logró la bendición y la curación de su hijo. El Santo le impuso silencio para evitar la vanagloria, que es, dice Arnobio Carnotense, la lepra de la virtud y la carcoma de la santidad. Dios se reservó para sí el honor y la gloria: *Gloriam meam alteri non dabo*, dice por Isaías *(cap. XLII)*; y debemos dejarle su parte, dice San Buenaventura, si no queremos vernos despojados de la nuestra. Muchos, decía San Antonio, andan a casa de la Jama, y pocos de la conciencia, como si fuese más el ser alabado, que ser digno de alabanza. ¿De qué te aprovecha el ser alabado donde no estás, si eres atormentado dónde estás?

...Antonio salió a su defensa...

...Se resistía...

Llegaba ya Antonio a la meta de su carrera, que había recorrido como la luz resplandeciente del astro del día, y se hallaba en el apogeo de sus grandezas y glorias, pero cerca del ocaso. Tenía su frente orlada con la aureola de los milagros, y se veía rodeado del ambiente de la santidad, que a grandes voces pregonaba el pueblo. Predicaba a los pecadores con un amor, que hacía revivir en ellos la esperanza del perdón. «¿Por qué, les decía, habéis de desesperar de la salvación cuando todo anuncia para vosotros misericordia y amor? Tus abogados, oh pecador, ante el tribunal divino son una Madre y un Redentor; María, que presenta el corazón traspasado de dolor, y su Hijo Jesús, que presenta al Padre las llagas de sus pies y manos, y el Corazón abierto con la lanza del soldado. No, con un tal Medianero y una tal Mediadora, no te puede desechar la misericordia divina».

Esta voz nadie se cansaba de escuchar, y su palabra, dicha con la elocuencia del Santo, arrebataba a todos, y los elevaba a la vida de la gracia. Al bajar del pulpito las muchedumbres se precipitaban para tocar la fimbria de sus vestidos, y se apaciguaban los odios, se reconciliaban las familias, los pecadores se reconocían y los pueblos se transformaban, extinguiéndose las disensiones y odios fratricidas. «No más odios, no más guerras, decían. La paz, Dios quiere la paz». Y los enemigos se estrechaban las manos, güelfos y gibelinos se reconciliaban, los proscriptos, víctimas de las pasiones políticas, recobraban las familias y la patria. A la manera que la rosa esparce sus perfumes, esparcía el Santo la paz y la devolvía a los espíritus atribulados.

Los Ángeles servían al Santo...

Los Ángeles servían al Santo; pues habiendo escrito al Provincial para retirarse, no hallaba quien le llevase la carta, y el Guardián, que sentía su retiro, no se interesó mucho en remitirla; pero al volver a la celda no vio la carta, y a los pocos días le llegó la respuesta del Provincial, en la que le daba la bendición y le concedía lo que deseaba.

Se sentía sin fuerzas, y conocía que se acercaba su fin. Llamó a Rogerio, su compañero, y le rogó que lo condujese a Padua, al convento de Santa María la Mayor, fundación suya; pero cerca de Padua se encontró con un Religioso del Hospicio de Arcella, y este le obligó a quedarse en él para evitar la importunidad de las visitas. Sobre la colina que domina a Padua tuvo una visión, y quedó en un profundo éxtasis el 30 de mayo de 1231. En él conoció el día de su muerte y los destinos de la ciudad de Padua, y predijo sus honores y las gracias con que la distinguiría el cielo[8]. Se le agravó la enfermedad y pidió los Sacramentos. Cantando el himno: *O gloriosa Domina*, quedó como extático con los ojos fijos en el cielo. Habiéndole preguntado qué era lo que veía, respondió: *Veo a mi Señor*. Veía al Señor y a su Santísima Madre, y quedó lleno de tales consuelos que le parecía hallarse en los umbrales del paraíso. Cuando le llevaron la Santa Unción dijo: «Tengo dentro de mí esta Sagrada Unción, pero quiero recibirla, porque es muy útil». Rezando los asistentes los salmos Penitenciales, se animaba asimismo con las palabras más tiernas, y los acentos más dulces de los Profetas diciendo: *Elevare, consurge, Jerusalem*. Apresúrate a volar a la mansión de luz, a los goces de la gloria. Los Ángeles le salen al encuentro, y el Rey de la gloria lo corona con la diadema de los elegidos. Veía al Señor que venía a visitarlo y darle como al siervo fiel las inefables delicias de la gloria. Se durmió con una sonrisa apacible el día 13 de junio de 1231.

---

[8] Hujus honorem gloriæ — Prædixeras in Padua — Quæ tantis in te gratiæ — Manet donis irrigua. *(Offic. de S. Ant.)*.

Cantando el himno O gloriosa…

Pasó el Santo su otoño lleno de frutos benditos, y con ellos se trasladó su alma a vivir entre los coros de los Ángeles, y su cuerpo al sepulcro, que hizo tan célebre y glorioso el número sin número de milagros, que obró el Señor por sus méritos y virtudes; pues todos los que tocaban la caja que encerraba sus mortales despojos, quedaban libres a *quacumque ditinebantur infirmitate*, como los que entraban en la piscina *(Joan. V)* después del movimiento de las aguas; pero en la piscina solamente quedaba sano el primero que entraba, y ante el cuerpo de San Antonio quedaban libres todos.

En el mismo día apareció al Abad de Vercelli, y le dijo: «Señor Abad, he dejado el borriquito cerca de Padua, y me voy directamente a la patria», y tocándole la garganta, le dejó enteramente sano de la enfermedad que padecía.

Los Religiosos del Hospicio de Arcella, a fin de evitar el disturbio del pueblo, querían ocultar la muerte del Santo, pero fue inútil; pues los niños recorriendo en grupos la ciudad gritaban: «¡Ha muerto el Santo! ¡Ha muerto San Antonio!».[9]

---

[9] Pro te digna dum moreris — Natorum fit commotio. *(Offic. S. Ant.).*

Los niños gritaban: «¡Ha muerto el Santo!…»

Los ciudadanos corrieron en gran número al Hospicio llorando y lamentando tan gran pérdida. Todos se disputaban aquel tesoro, y fue necesario custodiarlo con fuerza armada. El Obispo con el clero, los magistrados y el pueblo, lo llevaron procesionalmente en medio de festivos himnos y cánticos a la iglesia de Santa María la Mayor. Su sepulcro comenzó a ser un lugar de peregrinación. ¡Tantos eran los milagros que el Santo obraba!

Un viejo hereje, llamado Alcardino, oyendo contar tantos milagros, tomó un vaso y lleno de furor lo tiró sobre una piedra diciendo: «Antonio, sálvalo si puedes». El vaso no se quebró, y el hereje lleno de estupor se convirtió[10]. Otro hereje oyendo contar tales milagros dijo: «Yo los creeré si este sarmiento que tengo en la mano produce uvas», y al momento se coronó de frutos.

…Yo los creeré…

Un eclesiástico se burlaba de tantos milagros, y asaltado por una perniciosa fiebre llegó a temer por su vida. Reconoció que aquello era un castigo, y al momento hizo voto de publicar las glorias de Antonio si

---

[10] Haereticum lux fidei — Signo purgat, dum jacitur — Ab alto, vasis vitrei — Fragilitas non frangitur. *(Offic. S. Ant.).*

recobraba la salud. Apenas hecho el voto se levantó sano y bueno, y fue el pregonero de las glorias del Santo.[11]

En vista de los milagros que se obraban, se mandaron propios al Papa Gregorio IX, solicitando la canonización. El Papa dio orden para que se formara el proceso, y a los siete meses se hallaba todo ultimado para proceder a un acto tan grandioso. Por medio de una solemne delegación compuesta del clero, pueblo y doctores de la Universidad de Padua, se puso en manos del Papa el proceso. Reunidos los Cardenales, y examinado todo con la escrupulosidad que se guarda en estos casos, quedó aprobada su validez. Un Cardenal, empero, no estaba muy conforme, y aconsejaba que en asunto tan delicado se fuese más despacio; pero tuvo una visión, y fue el más celoso en la terminación de los trabajos para la solemne canonización. Luego se determinó que fuese el día de Pentecostés, que el año 1232 cayó en 2 de junio.

Reunidos en la Catedral de Espoleto el Sumo Pontífice con los Cardenales y Obispos, y una inmensa multitud de gentes que habían acudido, hecha la relación de los milagros aprobados, se levantó el Papa de su Solio, e invocando el nombre de la Santísima Trinidad, escribió el nombre de San Antonio en el catálogo de los Santos. Luego se cantó el *Te Deum*, y el mismo Pontífice entonó la antífona de los Doctores: *O Doctor optime*, y cantó el versículo y oración. Cuando esto sucedía en Espoleto, todas las campanas de Lisboa se tocaban por sí mismas, y hombres, mujeres y niños danzaban de alegría por las calles y plazas, sin poder darse razón de lo que pasaba; pues no llegó la noticia de la canonización del Santo hasta mucho tiempo después, y entonces comprendieron lo que les pasó el día de la canonización. Tuvo lugar este solemne acto antes de cumplirse el año de la muerte del Santo. Desde Espoleto comunicó el Papa a toda la Iglesia la noticia de la canonización, ordenando que su fiesta se celebrase el día 13 de junio. Como Gregorio IX lo había oído predicar en Roma, quedó tan admirado del

---

[11] Irrisor lucís gratiæ — Signorum languet clericus — Post votum surgens, gloriaæ — Sancti fit testis publicus. *(Offic. S. Ant.).*

conocimiento y de la ciencia de Antonio, que no sin fundamento entonó en su canonización la antífona de los Santos Doctores. Con esto se cierra la tarde y otoño del Santo, lleno de frutos y rico de mieses espirituales, que son las virtudes que lo hermosearon, y los méritos que lo sublimaron al trono de los altares, donde se muestra para con todos los que lo invocan Patrono especial y Protector bondadoso, y enjuga las lágrimas de todos los que a él acuden, y en él confían.

…Escribió el nombre de San Antonio…

En el otoño va decreciendo el calor por grados, y da tiempo al hombre y a los animales para que se preparen contra el frío del invierno, y provean a la naturaleza para pasarlo tranquilo y sosegado. Las mudanzas graduales insensibles de las estaciones son obra de las disposiciones y bondades de Dios, Padre de misericordia y Dios de todo consuelo. Todo sucede gradual y ordenadamente, y es ley que Dios sigue en el gobierno del universo. Por eso son sus obras hermosas, invariables y perfectas. Reconozcamos en todas las estaciones los dones de la sabiduría y bondad divina, y exclamemos con el Profeta Real *(Psalm. XXIV)*: «Todos tus caminos, Señor, son misericordia y verdad para los que inquieren tu alianza y tus preceptos».

Recojámonos y bendigamos a Dios, como San Antonio, y reconociendo el gobierno y sabiduría divina, nos regocijaremos en todos los tiempos y en todas las estaciones, así en la calma como en la tempestad, en el calor y serenidad de los días, como en la nieve y las aguas; pues todo nos lo manda nuestro criador y conservador, y Padre de todos. Nuestra vida es una vida de alternativas y mudanzas, hasta que lleguemos al día de la eternidad. En tanto Dios nos abre el camino y nos deja ver la senda que conduce al bienestar de la gloria, donde, pasadas ya las nubes, seremos transportados a una habitación de gloria, de luz y felicidad, que ninguna sombra podrá oscurecer. Allí conoceremos con la luz del Señor lo que aquí no podíamos ver; conoceremos los caminos de la Providencia, que aquí son incomprensibles; y llenos de admiración y gratitud veremos el encadenamiento maravilloso, y la perfecta armonía de las obras del Altísimo. Para llegar allá debemos antes pasar del otoño de la vida al invierno del sepulcro, de donde saldremos para llenar la palabra divina, que no vuelve a Dios vacía; pues su influencia nos resucitará para vivir eternamente dichosos. «Como la nieve, dice Isaías *(cap. LX)*, baja de los cielos y no vuelve a ellos en vano, como que riega la tierra y la hace producir y germinar, dando simiente al sembrador y pan al que se alimenta de ella; así será la palabra que saldrá de mi boca, pues jamás volverá a mí vacía, sino que llenará los designios para que Yo la enviare».

Capítulo IV
La Noche e Invierno de San Antonio

El invierno es triste; las lluvias son muy distintas de las del verano; el aspecto de la naturaleza es sombrío como el sepulcro; pero aunque este tiempo nos parezca desagradable, no podemos menos de reconocer en él la sabiduría y bondad divina. La tierra, exhausta de fuerzas por su fecundidad, necesita recobrarlas, y requiere descanso y humedad; y aunque jamás está ociosa, como su trabajo es imperceptible, no la disipa. Las lluvias con que ha sido beneficiada son un manantial de riqueza que germina y brota en la primavera. Los beneficios del Creador son tan innumerables como las gotas de agua que se desprenden de las nubes, y debemos darle continuas gracias, porque bendiciendo a la tierra con las lluvias nos proporciona alimento y nos conserva. Los fines de la divina sabiduría, subordinados los unos a los otros, dan orden y felicidad al universo. Las lluvias del invierno nos son necesarias, y los vientos y temperamento de la estación indispensables. No siempre nos ha de sonreír la felicidad, y los días bellos y placenteros se van alternando con los tristes y penosos. Sin embargo, por tempestuosa que sea nuestra vida, Dios, que impone silencio a los vientos, calma también nuestras tribulaciones, y aparece algún día sereno en que gozamos de tranquilidad. Cada estación tiene sus placeres y sus bellezas, y el invierno tampoco carece de ellas. La aurora coloreando con sus rosados matices un paisaje cubierto de nieve, las perlas de hielo que brillan con los rayos del sol, la nieve sirviendo de manto a las florestas, todo ofrece un vistoso panorama, que admira al que absorto contempla en él la grandeza del Criador. La naturaleza, aún despojada como se presenta de toda vegetación, es obra maestra del supremo Hacedor, y en cada una de sus partes brilla su divina sabiduría. ¡Oh si supiésemos contemplar dignamente las obras de Dios en esta estación! No hay duda que llenarían nuestro espíritu de gran satisfacción y consuelo. Subamos por la escala de los seres al Creador, y en toda estación y tiempo sea Dios el objeto de nuestras alabanzas. Es el invierno imagen del sepulcro, y en él no podremos obrar como la naturaleza; quedaremos como el polvo de la tierra; pero si aquí sabemos trabajar como los Santos, nuestro sepulcro será glorioso, y bajo aquella losa habrá virtud para alabar a Dios, y hacer que los demás le alaben. Desde la noche del sepulcro, desde el invierno de la muerte, Antonio sigue ejerciendo su apostolado, y haciendo bien a todos; da testimonio de la verdad, y puede referirse de él después de casi siete siglos lo que Gregorio IX decía en la Bula de canonización del Santo: «Lo sobrenatural que resplandece en los sepulcros de los Santos es una continua predicación. Por este medio confunde Dios la malicia de los herejes, confirma la verdad del dogma católico, aviva la fe próxima a extinguirse, y conduce a los cristianos, a los judíos y a los paganos, a los pies de Aquel que es el *camino*, la *verdad* y la *vida*». San Antonio tuvo dominio sobre la naturaleza y sobre el infierno, y el cielo mismo se inclinó a sus plegarias; y hoy, como el astro beneficioso del día, sigue dispensando sus favores, y alegrando a la Iglesia de Dios y conmoviendo al mundo con su virtud y su gran poder.

No ha sido la muerte del Santo noche oscura, ni el invierno de la muerte estéril y frío como el de los pecadores. El sepulcro de los justos es una antorcha, y la noche de su muerte tan esclarecida como fue lo más luminoso de su vida. De ellos podemos decir con el Real Salmista (*Psalm, CXXXVIII*): *La noche será iluminada como el día; como las tinieblas así la luz.* Las tinieblas y la luz son para Dios una misma cosa, y no podrán escondérsele las obras del justo; pues las verá lo mismo de día que de noche. La virtud de San Antonio ha sido y es tan prodigiosa que desde su sepulcro ha continuado haciendo bien, y continúa mirando por sus devotos con la solicitud de un amoroso padre, y los milagros en favor de ellos son continuos. No nos detendremos en enumerar todos los prodigios que ha hecho y hace en favor de sus devotos; pues son muy conocidos, y no cabrían en gruesos volúmenes. Únicamente enumeraremos algunos para consuelo de sus devotos.

La muerte, que hizo tributario suyo al mundo, no eximió las testas coronadas. Enfermó de peligro la Infanta de Portugal, hija de Alfonso X de León, y la Reina madre acudió a Antonio. Estando para morir la joven se le apareció el Santo, y le dio a escoger entre la salud y la gloria. Por temor a la muerte, y para consuelo de la familia, escogió la salud, y besado el cordón del Santo se congratuló con sus padres de la salud que había recibido. ¡Cuán necia fue esta joven, por más que fuese reina! pues separándose del puerto se entregó de nuevo a las furiosas olas del mundo.

¿Ignoras, diremos con San Bernardo, que en la muerte tienes tres motivos para congratularte? Ella te libra del trabajo, del pecado, y del peligro. Lo que nos inquieta, dice San Antonio, lo que nos es contrario, lo que es tempestuoso y está propenso a todos los vicios, cesa con la muerte, y queda cerrado en el sepulcro. ¡Oh ceguedad de los mortales! Cobran tanto, amor a la vida presente, y aspiran de tal modo a vivir siempre en este mundo, que desean que no cese jamás el curso de esta vida mortal, dice San Gregorio.

…Y besado el cordón del Santo…

Ninguno, por valiente y generoso soldado que sea, puede labrar su fortuna sin que se exponga a tristes contratiempos.

Cierto noble veneciano, peleando denodadamente por la patria, se vio de tal modo y tan de improviso cercado de enemigos, que ni podía con sus armas deshacer a sus enemigos ni huir. Destituido por tanto de humano socorro, pidió auxilio al cielo, implorando la intercesión de San Antonio. «Líbrame de los que me rodean, dijo con el Profeta *(Psalm. XXXI)*», y al momento se vio libre de las manos de sus enemigos y de la muerte, y puesto en seguro entre los suyos. Estaban acechando unos asesinos el paso de un sacerdote muy devoto del Santo para quitarle la vida; pero el Santo apareció con semblante airado entre ellos, y los disuadió de sus propósitos, obligándoles a pedir perdón al sacerdote. El devoto de San Antonio puede gloriarse y decir: Si caminare en medio de la sombra de muerte, no temeré mal alguno; porque Tú estás conmigo. *(Psalm. XXII).*

…Apareció con semblante airado…

¡Ay de los hijos desertores que dejan a Dios, dice Isaías *(c. XXX)*, y esperan ayuda del poder del Faraón infernal! Un miserable de la ínfima plebe llamó por curiosidad a un mago, y guiado por este a un lugar solitario le hizo entrar en un círculo. Una caterva de demonios lo invadió al instante, y le arrancó los ojos y la lengua. Arrepentido pidió ayuda a San Antonio; y llevado a la iglesia del Santo, recobró la vista al canto del *Sanctus*, y presenciando el caso la ciudad de Padua, todos pidieron por el desgraciado, y recobró la lengua cuando cantaban el Agnus. En reconocimiento dio gracias a Dios y al Santo por tanto favor, y fue muy devoto todo lo restante de su vida. En todas las necesidades se ha de acudir a Dios y a los Santos, no al demonio. ¿Por ventura no hay Dios en Israel *(IV Reg. I)* para que vayáis a consultar a Beelzebub? Eso logran los que apelan a la superstición y a las encantaciones, quedar sin vista para las cosas de Dios, y sin lengua para alabarle.

El soberbio, dice San Agustín, es un enfermo que tiene atrevimiento para dar reglas al médico, y ¿cuánto más soberbio no será el que quiera darlas a Dios?

...Recobró la vista...

Había una Religiosa que tenía horror a las penas del purgatorio, y para librarse de ellas pidió a Dios que le diese aquí todos los tormentos, que quemase y cortase todo lo que tuviese de defectuoso con tal que la librase del purgatorio. Empero, no sabía lo que pedía, pues Dios le mandó dolores tan terribles, que la pobre monja se hallaba casi desesperada. Imploró el socorro de San Antonio, y lo tuvo; pero por experiencia propia conoció que no hay cosa más acertada que la completa resignación en manos del Señor. Finalmente, si buscas más milagros, porque los antiguos te sirven de poco, los verás nuevos y cotidianos en todas las provincias y reinos del mundo; pues la fuente perenne de milagros que tenemos en Antonio jamás se seca, únicamente presenta vasos vacíos en abundancia *(IV Reg. c. IV)*, pues no cesará de correr el aceite si no faltan vasos. ¡Oh admirable Antonio! ruega por mí a fin de que no me falte el aceite de la caridad.

El nombre de San Antonio se hizo célebre en todo el mundo, y con él la ciudad de Padua, que guarda sus reliquias. Lisboa fue su patria nativa, y Padua su patria adoptiva, pues mostró una predilección especial a esta ciudad, y le profetizó que sería gloriosa con sus reliquias.

Imploró el socorro…

La libertó del tirano Ezelino, cuando aún peregrinaba en esta vida, y la libertó también después de su muerte. En 1250 tenía ocupada el tirano esta ciudad, y el legado pontificio, reunidos todos los ciudadanos de Ferrara y los desterrados de Padua, anunció cómo el Papa le había ordenado que recuperase Padua de manos de Ezelino. Invitó a los que le oían a formar una cruzada contra el tirano, y les dijo: «Os anuncio para honra y gloria de Dios omnipotente, y de los bienaventurados apóstoles Pedro y Pablo, y del glorioso San Antonio, cuyo cuerpo se venera en Padua, que aunque no tuviese en mi ejército otra cosa que los huérfanos, pupilos, viudas y las personas maltratadas por Ezelino, tendría la esperanza de obtener la victoria sobre aquel miembro del diablo, e hijo de iniquidad». El tirano se reía de la cruzada que contra él se preparaba; pues tenía la ciudad bien fortificada, y gente aguerrida para defenderla. El legado pontificio formó su ejército, y llevaba la bandera un Religioso Franciscano, llamado Fr. Clarello de Padua, quien animaba a los cruzados a poner sitio a la ciudad en nombre de Cristo, de San Pedro y de San Antonio. Había también otro Religioso lego, muy devoto, que había sido maestro de Ezelino. A este ordenó el legado, que dispusiese las cosas parala toma de la ciudad. Lo hizo en efecto, y la ciudad cayó en poder de los sitiadores. La divina Providencia obró un gran milagro en favor de los sitiadores; porque los aguerridos soldados que la defendían fueron sobrecogidos de un pánico tal, que descarriados y abatidos del todo, dejaron entrar a los sitiadores el día de la octava de San Antonio. Salimbene, que fue testigo ocular, concluye diciendo: «Como tomaron la ciudad y alcanzaron la victoria el día de la octava de San Antonio, los Paduanos celebran la octava del Santo con mayor esplendor que el día de la fiesta».[12]

Los innumerables milagros, que hacía el Santo en favor de los que acudían a visitar su sepulcro, indujeron a los de Padua a erigir el magnífico templo, que hoy admiramos, en honor de San Antonio. En la

---

[12] Ezelino desde esta fecha quedó triste y melancólico, y pereció miserablemente cerca de Cremona el año 1259.

octava de Pascua de 1263 se trasladaron solemnemente sus reliquias. Abierta el arca, donde habían descansado sus despojos por espacio de treinta y dos años, se halló el cuerpo reducido a cenizas, pero la lengua se encontró intacta, fresca y rubicunda. Admirado San Buenaventura, general de la Orden, de un prodigio tan grande, la tomó en sus manos, y, derramando lágrimas de consuelo, prorrumpió en estas palabras: «¡Oh lengua bendita, que siempre alabaste al Señor, e hiciste que otros lo alabasen, ahora vemos claramente cuántos fueron tus méritos delante de Dios!». Y besándola devotamente la puso en un relicario. Hoy se conserva entera en el altar de las reliquias, y se enseña y da a venerar a los fieles el día 13 de junio, fiesta del Santo.

…La tomó en sus manos…

El nombre que dejó San Antonio con sus milagros no decae, y se ve siempre reconocido por el gran Taumaturgo. Es tan universal la fama de nuestro Santo, que no hay pueblo grande ni pequeño en que no se dé a conocer. Son tantos y tan variados los milagros, que no parece sino que quiere dar gusto a todos, y la piedad cristiana ha llegado a persuadirse, que el Santo tiene como un deber de hacer milagros en su favor.

Las obras de San Antonio ostentan su virtud de una manera especial en nuestros días; y parece que ha tomado por su cuenta hacer maravillas con los pobres, proveyéndolos de sustento. Las obras que nos legó nos suministran grandes enseñanzas, y su protección para con los que acuden a él es manifiesta en los grandes prodigios que obra en su favor. Con razón dijo un escritor, *que en San Antonio sería un gran milagro el no hacer milagros.*

Ved aquí para corona de todos ellos un resumen que de todas las clases hizo San Buenaventura, o fray Julián de Spira, en el Responsorio, tan conocido de la piedad cristiana.

«Si buscas milagros, mira — Muerte y error desterrados — Miseria y demonio huidos — Leprosos y enfermos sanos — El mar sosiega su ira, — Reditúense encarcelados — Miembros y bienes perdidos — Recobran mozos y ancianos — El peligro se retira — Los pobres van remediados — Cuéntenlo los socorridos — Díganlo los Paduanos.

El que quiera conocer estos milagros en particular, lea el Trecenario que hemos publicado, donde se relatan numerosos ejemplos de todas estas clases.

Tenemos de San Antonio las *Concordancias morales de las sagradas Escrituras*, que son una breve exposición de muchos pasajes de los Libros Santos. *Los sermones de tiempo*, o sea de los Misterios, escritos en el monte Alverna. *Los sermones de Santos* y *La exposición de los Salmos*, que se la robó en Montpelier un novicio, y la oración de Antonio obligó a restituírsela. Este manuscrito se dio a luz en el siglo pasado, dedicándolo a Benedicto XIV.

Podemos decir del Santo que, consumado en breve, llenó muchos tiempos *(Sap. IV)*, esto es, no dejó un vacío en los pocos años que vivió; pues llegó a conseguir aquella sublime perfección que otros no alcanzan en muchos años. Murió a la edad de treinta y seis años, y por eso se representa jovencito en las imágenes, con el lirio en la mano, símbolo de su castidad, y el libro, emblema de su ciencia, y con el Niño Jesús en los brazos, en memoria de la aparición que tuvo en casa de un bienhechor suyo.

Hemos recorrido sucintamente la vida de San Antonio en sus cuatro intervalos del día, o en las cuatro estaciones del año, que tienen afinidad con ellos según Bercorio: *Dies habet quatuor* partes: *Auroram, quæ similis est Veri; Meridiem, quæ similis est Æstati; Vesperam, quæ similis est Autumno; Noctem, quæ similis est Hiemi.* En la aurora y primavera hemos descrito sus años, sus estudios, y las excelentes armas con que se preparó para la lucha; en el mediodía y verano su fervorosa predicación y portentosos milagros; en la tarde y otoño los frutos recogidos con su predicación y milagros, y en la noche e invierno los prodigios que Dios obró después de su muerte, y honró su sepulcro haciéndolo glorioso.

Dios exalta a los humildes y exaltó a San Antonio de un extremo al otro del orbe, permitiendo que lo glorificase su Vicario en la tierra antes de un año de su dichoso tránsito, y moviendo el corazón de los fieles para que le erigiesen monumentos hasta en los templos más pequeños de la cristiandad. El Brasil le confirió el título glorioso de Generalísimo de sus ejércitos de mar y tierra, con todos los privilegios inherentes, como son el bastón, faja, honores militares y tratamiento, y cuando llevan al Santo en procesión le rinde armas la milicia. Además abona una pensión para que los Frailes Menores sostengan el culto del gran Taumaturgo. Finalmente, la piedad cristiana lo tiene por Patrón, y a él acude confiada en los días de tribulación y trabajo. ¡GLORIA AL TAUMATURGO FRANCISCANO, SAN ANTONIO DE PADUA!

Capítulo V
San Antonio y el Sagrado Corazón de Jesús

La vida de los Santos es una escuela viva de virtud y perfección. Estudiando sus virtudes aprendemos lo que debemos hacer para llegar al puerto feliz de nuestra salvación. Unos de los Santos nos enseñan a combatir y refutar los errores, y todos a destruir los vicios. Dios los puso en su Iglesia como un antemural para la defensa de su doctrina, y sostén grandioso de la sociedad; y honran a la una y defienden a la otra de los peligros que le amenazan. Los predicadores como San Antonio destruyen y edifican, arrancan y plantan; destruyen el error y edifican con la virtud; arrancan las malas hierbas de los vicios y plantan en el corazón de los individuos y de la sociedad la buena semilla de la verdad y del bien, salvando los fundamentos del orden social.

En la escuela de Antonio aprenderemos enseñanzas divinas, y su doctrina y sus ejemplos nos confortarán y alentarán en los trabajos. Fue siervo amante fiel de Jesús, y quiere que todos sigamos sus huellas imitemos sus ejemplos. Tanto se interesa por la gloria de Jesús, que donde no bastan sus exhortaciones y ejemplos, cuando no nos mueven sus palabras, nos alienta con sus milagros. Quiere que *bebamos las doctrinas evangélicas de la sagrada fuente del Señor.*

Embriagado del divino amor y abrasado su corazón en aquellos incendios divinos, trabajó con ardiente celo para calentar el corazón glacial de los hombres, y arrastrarlos hacia aquel horno de amor, hacia el Corazón de Jesús, para que con su fuego divino se purgasen de la escoria de las pasiones, y apareciesen como joyas peregrinas, engastadas en la corona de las almas santas, que hacen la corte al divino Corazón.

Siguiendo el ejemplo del Seráfico Padre, que se hallaba identificado con el Sacratísimo Corazón de Jesús, se retiraba Antonio a lo más interior de él, como la paloma a lo más recóndito de la pared.

Absorto en la contemplación divina, prolongaba sus vigilias, y en una de ellas se vio de repente rodeado de una claridad más viva que los rayos del sol. Era el amor de Jesús que se le manifestaba en forma de bellísimo Niño, resplandeciente y lleno de gracia y dulzura. Su corazón se llenó de un júbilo celestial, y oyó los secretos del Rey de los cielos, tan profundos y sublimes, que no hay lengua que los pueda expresar. Estar con Jesús era su delicia; y desde este momento predicó y mostró el divino Corazón de Jesús a los fieles, como principio de la vida sobrenatural, como precioso altar de oro, en donde arde de día y de noche el aromático incienso, que en odoríficas nubes sube hasta el cielo, y obliga a la misericordia divina a derramar los dones celestiales, que embalsaman la tierra, esto es, los corazones de todas aquellas almas que ansiosas buscan a Jesús en los altares, a la manera que el ciervo sediento busca las corrientes de las aguas. Suspiran por el amor, y este lo hallan en el Corazón de Cristo.

Predicando el Santo en la abadía de Benedictinos de Limoges, habló con tan elevado espíritu de las excelencias de la vida monástica, que la pintó como el asilo más seguro, y el refugio más tranquilo de las almas, que aburridas de la disipación y del espíritu bullanguero del mundo, desean retirarse a la soledad y poner su nido, como las palomas, en la concavidad de la albarrada, en el Sagrado Corazón de Jesús. «¿Quién, dice, me dará alas como de paloma, y volaré a mi asilo, y allí descansaré? *(Psalm. LIV)*». Tal es el grito de un alma hastiada del mundo, que suspira por la soledad, y por el descanso de la vida claustral. ¡Oh vida religiosa! De ti habla el profeta Jeremías cuando en el capítulo XLVIII dice: «Abandonad las ciudades, habitadores de Moab, y habitad en los peñascos, y sed como paloma que hace su nido en el más alto agujero de la hendidura». Abandonad las ciudades, esto es, los vicios que las deshonran, el tumulto que impide a las almas elevarse hasta Dios, y descansar en El. Abandonad las ciudades, porque el Señor dice: «He visto en ella la iniquidad y la contradicción. Día y noche se pasea la iniquidad en su alrededor sobre sus muros; en medio de ella se hallan los trabajos y la injusticia; la usura y el engaño no pueden desaparecer de sus plazas. *(Psalm. LIV)*». Reina la iniquidad contra Dios y contra el prójimo; la contradicción contra el predicador y contra la verdad; el trabajo en los ambiciosos cuidados mundanos; la injusticia en las obras, el engaño en las relaciones, la usura en las prestaciones, y el mal en las obras de los hijos de los hombres.

Moradores de Moab o del mundo, que como Moab está lleno de orgullo, el mundo es todo orgullo, orgullo en su espíritu, por el que rehúsa sujetarse a Dios; orgullo en su voluntad, que no quiere someterse a la de Dios; orgullo en sus sentidos, que se rebelan contra la razón y la dominan. Pero ¿es suficiente alejarse del mundo? No, el alma religiosa debe hacer algo más que huir del bullicio de las ciudades y abandonar sus vicios; pues según el Profeta debe establecer su morada en la piedra, que es Cristo. Fijad en Él vuestra habitación, y que Él sea el principio y fin de vuestros pensamientos, y objeto de vuestros afectos y deseos. Jacob descansó en el desierto sobre una piedra y se durmió; y en el sueño vio el cielo abierto, conversó con los Ángeles, y fue bendecido por el Señor. Esto alcanzará toda alma que ponga su morada en solo Jesucristo. Verá los esplendores del cielo, conversará con los Ángeles, y será bendecida como Jacob desde el Septentrión al Mediodía, desde el Oriente al Occidente. En el Septentrión se simboliza el soplo divino, que mata la carne y sus concupiscencias; en el Oriente viene simbolizada la luz de la fe y de las buenas obras; el Mediodía significa la plenitud de la sabiduría y caridad, y el Occidente pronostica la desaparición de los vicios. Cuando el alma no descansa sobre la piedra, que es Cristo, cierra la puerta a toda bendición.

Sed como la paloma, que pone su nido en lo más recóndito de la concavidad de la piedra. Si Jesucristo es la piedra, la concavidad donde debe refugiarse el alma es la llaga de su Costado. ¿No es este el asilo escogido a donde el Esposo divino llama al alma religiosa cuando le dice: *Levántate, paloma mía, amiga mía, esposa mía, date prisa y entra en las aberturas de la roca, en las concavidades de la pared? (Cant. II).* El Esposo divino habla de las muchas aberturas de la pared, y también de la concavidad de ella; pues hay muchas heridas en la pared de su cuerpo, y en él está la llaga de su Costado. Esta llaga conduce a su Corazón, que es a donde llama a la criatura con quien quiere desposarse, al alma religiosa que invita a tan elevado connubio. Le ha abierto sus brazos, le ha manifestado su costado abierto, y le da entrada en su Corazón, para que se esconda en él, y no abandone tan sagrada morada.

Cuando la paloma se esconde en las concavidades de la roca, queda a cubierto de las persecuciones del gavilán, y tiene una morada tranquila, donde descansa plácidamente, y gime en paz. El alma religiosa hallará en el Corazón de Jesús, como la paloma en la roca, un asilo seguro contra las maquinaciones del milano infernal, contra los asaltos de Satán, y descansará dulcemente en tan delicioso retiro.

No nos detengamos en la entrada de la roca, entremos hasta lo más profundo; porque si en la entrada, si en los bordes de la llaga sagrada tocamos la sangre que nos ha rescatado, y esta sangre habla y pide por nosotros misericordia, el alma religiosa no debe detenerse allí, una vez que ha gustado esta sangre y ha oído su voz; debe, sí, correr hasta buscar el manantial de donde brota, que es el Sacratísimo Corazón de Jesús, donde encontrará luz, consolación, paz, y delicias inefables. Escoged esta profunda concavidad de la piedra como la paloma, que la escoge para su nido.

La paloma hace su nido de las pajas, que con avidez recoge en una y otra parte; y nosotros ¿con qué haremos nuestro nido en el Corazón de Jesús? Al brindarnos tan misericordiosamente nuestro divino Salvador con el lugar para que fabriquemos nuestro nido, nos da también los materiales para construirlo. ¡Oh alma religiosa, paloma tan amada de

Cristo, mira las pajas que el mundo huella con sus pies! Esas pajas son los actos de virtud que tu divino Esposo y Salvador te enseñó; esto es, la humildad, la mansedumbre, la paciencia, la pobreza y la mortificación. Pajas que el mundo desprecia como inútiles; pero que son necesarias para hacer tu nido, y colocar tu eterna morada en lo más profundo de la piedra, que es el Sacratísimo Corazón de Jesús.

Se abrasaba el Santo en tales incendios de amor, que no suspiraba sino por Jesús y para Jesús; y a rescatar lo que vino a salvar Jesús se dirigían todos sus pasos; a conquistar almas, que son la mayor riqueza que hay en la tierra, y por quienes Jesús dio su sangre y su vida, y permitió que le abriesen su divino Costado, dejándonos puerta abierta y franca para el cielo. Esto no lo aprendió Antonio en los libros escritos con tinta, sino en aquel Libro desencuadernado sobre el árbol de la cruz, en las páginas del divino Corazón, escritas con caracteres de amor divino, sobre el que recostó su cabeza para sentir aquellos latidos amorosos como el apóstol San Juan, y cuyas glorias cantó con las ardientes notas con que cantan los Querubines, que son todo fuego. «Nuestro altar de oro, dice, es el Corazón de Cristo. En él arde aquel incienso que sube hasta el trono de la Majestad; en él se perciben aquellos suavísimos perfumes que embalsaman la tierra. Meditando las penas y angustias de aquel divino Corazón, y entrando en su interior, hallaremos el oro purísimo del amor, y sabremos apreciar las riquezas del divino amor». San Antonio merece ser llamado, como su Seráfico Padre, el predilecto del Sagrado Corazón. «Hallándome en oración el día de San Antonio, dice la Venerable sor Juana María de la Cruz, vi el alma de San Antonio que era llevada por los Ángeles a los pies de Cristo. Entonces Jesús abrió la llaga de su costado, y el Corazón divino, todo resplandeciente de una luz inefable, arrebataba hacia sí el alma de Antonio, y en cierto modo la eclipsaba, a la manera que el sol eclipsa toda otra luz. En medio de este Corazón se me apareció el Santo, y lo llenaba todo como preciosa margarita. La bellísima variedad de sus colores me parecieron sus variadas virtudes, que brillaban con maravilloso resplandor en el océano de luz del Corazón de Jesús, para honor de Cristo y gloria de su Siervo. Tomó Jesús esta preciosa perla de su Corazón, y la entregó al Padre Eterno, que la exhibió a la admiración de los Ángeles y Santos». En los cielos lo ha constituido Dios tesorero de sus divinas gracias, y en la tierra lo ha glorificado, haciendo resonar su nombre por todos los ámbitos del orbe con los portentosos milagros que ha obrado y obra, repartiendo por su mediación los dones celestiales.

Capítulo VI
Glorificación de San Antonio

Antonio celó siempre el honor y gloria de Cristo y su Santísima Madre, y lo defendió con gran denuedo contra los escuadrones infernales, y contra los herejes; y, hallándose en su última lucha contra la muerte, mereció verlos con gran gloria y majestad después de haber invocado a María con el himno *O gloriosa Domina*, que le consagró la Iglesia y era tan familiar al Santo. En manos de Jesús y María entregó su bendita alma. Intrépido contra las huestes infernales, Antonio, cachorrillo de león *(Gen. XLIX)*, subió a coger la presa de la eterna bienaventuranza, y reposado se acostó como león, y puso sus manos sobre la cerviz de los enemigos infernales. Murió, no cargado de años y edad, sino de méritos, el año 1231 a los treinta y seis de edad, de los cuales pasó quince con sus padres, once con los Canónigos Regulares, y unos diez con los Frailes Menores. La edad de la vejez, dice el Sabio, cap. IV, es la vida sin mancilla, y el que es bastante sabio es bastante anciano. Consumado en breve, llenó muchos tiempos, no dejando vacío alguno en sus pocos años.

Los pregoneros de la gloria de Cristo fueron los niños hebreos *(Juan. XII)* que le salieron al encuentro con ramos de palmas, al hacer su entrada en Jerusalén; pues de la boca de los niños y mamantes perfecciona el Señor la alabanza, dice David *(Psalm, VIII)*, y si callaren los niños hablarán las piedras, nos dice el mismo Señor por San Lucas, capítulo XVIII. Los Religiosos deseaban ocultar la muerte de San Antonio, para que el pueblo no los disturbase en su retiro, pero no hay consejo contra el Señor *(Prov. XXI)*, que por sus pregoneros los niños, quiso que fuese proclamada la muerte de San Antonio. *¡Ha muerto el varón santo, decían, ha muerto nuestro Padre San Antonio!* Alégrate, Padua, con la dicha de poseer este tesoro, tesoro inexhausto, que durante siete siglos ha resplandecido con la luz de los milagros.

…puso sus manos sobre la cerviz…

Después de la muerte de San Antonio obró Dios en crédito de sus virtudes tantos milagros, que la ciudad acudió a la Santa Sede en el mismo año de su muerte, para que le concediese los honores de la veneración pública. Los Cardenales creyeron que era demasiado pronto, pues no se registraba un ejemplo semejante en los anales de la Iglesia, pero uno de los más opuestos tuvo en sueños una visión, y después fue el más interesado en ella. Sucedió, pues, que en el aniversario de su muerte se celebró en Padua la fiesta del Santo con la mayor solemnidad. Y para que no pareciese que las ciudades de Lisboa y Padua mutuamente se hubiesen cedido sus derechos sobre el patricio Antonio, el mismo día de la canonización del Santo se tocaron las campanas por sí solas en Lisboa; pero no pasó la memoria del Santo con el sonido de las campanas, sino que la fama y sonido de la santidad de Antonio se oyó en toda la tierra, llevada por la Bula de canonización, que es del tenor siguiente:

Gregorio Obispo, siervo de los siervos de Dios, a los venerables Hermanos, Arzobispos y Obispos; a los amados hijos, Abades, Priores, y otros Prelados Eclesiásticos, que verán las presentes letras, salud y Apostólica bendición.

Diciendo el Señor por el Profeta *(Soph. III): Os daré por loor, gloria y honor a todos los pueblos*, y prometiendo por sí *(Matth. XIII)*, que los justos resplandecerán como el sol delante de Dios, piadoso y justo es que nos alabemos por deber de veneración, y glorifiquemos en la tierra a quienes por méritos de santidad corona y honra El en los cielos, siendo así mejor alabado y glorificado el mismo, que es digno de loor y de gloria por los siglos, y en los Santos. Porque para manifestar admirablemente el poder de su virtud, y obrar misericordiosamente la causa de nuestra salvación, honra con frecuencia en el mundo a sus fieles, que corona perpetuamente en el cielo, haciendo en su memoria señales y prodigios, por medio de los cuales confunde la heretical perversidad, y confirma la fe católica: los fieles, sacudida la rudeza de su entendimiento, se mueven a la práctica de las buenas obras; los herejes, arrojada la ceguedad en que se hallan, se reducen de su extravío al buen camino, y los judíos y paganos, conocida la verdadera luz, acuden a Cristo, que es luz, camino, verdad y vida. Por lo cual nosotros, queridísimos hermanos, damos gracias, sino las que debemos al menos las que podemos, al dador de todas las gracias, que para confirmar la fe católica y confundir la perversidad herética renueva evidentemente en nuestros días los prodigios, y perpetúa poderosamente las maravillas en sus siervos, haciéndoles resplandecer con milagros, que confirman la fe católica, así de corazón como de palabra y también con las obras. De este número es San Antonio, de dichosa memoria, perteneciente a la Orden de Frailes Menores, que cuando vivía en el mundo podía mucho con sus méritos, y ahora que vive en los cielos resplandece con muchos milagros para comprobar con indicios manifiestos su santidad. Y como poco hace nos hayan humildemente expuesto Nuestro Venerable Hermano el Obispo, y los amados hijos el Podestá y Municipio de Padua por medio de sus enviados y por cartas, que una vez que Dios ha dado tanta gloria al mismo Santo, pues, para que conociésemos la primera estola de su inmortalidad, y tuviésemos una prueba evidente de la segunda, hacía que su sepulcro resplandeciese con tantos y tantos milagros, les parecía poco honroso que entre los demás Santos no se acudiese también a invocar su protección, y nos rogaron que ordenásemos la formación del proceso acerca de sus milagros. Nosotros, teniendo en cuenta que para que uno sea tenido por Santo delante de Dios en la Iglesia triunfante, basta la sola perseverancia final, según aquello *(Apocalip. II): Sé fiel hasta la muerte y te daré la corona de la vida*; pero que para que sea tenido por Santo entre los hombres en la Iglesia militante, son necesarias dos cosas, santidad de costumbres y verdad de milagros, esto es, méritos y milagros, a fin de que unos y otros se acrediten recíprocamente; pues ni los méritos sin milagros, ni los milagros sin méritos son del todo suficientes entre los hombres para dar testimonio de la santidad; mas cuando preceden buenos méritos y se siguen milagros patentes, dan una prueba cierta de la santidad, de suerte que nos mueven a venerar a aquel a quien Dios manifiesta digno de veneración por los méritos precedentes, y los milagros que se suceden, cuyas dos cosas se deducen claramente de las palabras del Evangelista *(Marc, XVI): Y ellos salieron y predicaron en todas partes obrando el Señor con ellos, y confirmando su doctrina con los milagros que la acompañaban;* creímos conveniente encomendar el proceso acerca de los milagros del mismo Santo al mismo Obispo, y a los amados hijos Er. Jordán de San Benito y Juan de San Agustín, Priores del Orden de Frailes Predicadores de Padua. Y no hace mucho que nos cercioramos de las virtudes y de lo insigne de los milagros del mismo, así por la relación de los sobredichos Obispo y Priores, como por las deposiciones de los testigos llamados a declarar sobre esto, y por nosotros mismos hemos experimentado alguna vez su santidad de vida y su admirable conversación; pues vivió con nosotros loablemente por algún tiempo; habiéndonos suplicado de nuevo con instancia los mismos Obispo, Podestá y Municipio sobredichos por medio de sus principales Nuncios y por cartas, que cuidásemos de inscribir al mismo Fraile en el catálogo de los Santos; para que con autoridad Apostólica, como conviene, se honrase dignamente en la tierra al que, como aparece de los esclarecidos prodigios y evidentes argumentos, es honrado en los cielos; a este que después de la disolución de su cuerpo mereció estar con Cristo en los cielos, a fin de que no parezca que en cierto modo le quitamos el honor y gloria debidos, si glorificado por el Señor permitiésemos que fuese privado por más tiempo de la devoción humana; con el consejo de nuestros Hermanos y de todos los Prelados, que se hallaban entonces con la Silla Apostólica, juzgamos inscribirlo en el catálogo de los Santos. Por tanto, como según la verdad evangélica *(Matth. V): Ninguno enciende la luz y la pone bajo del celemín, sino sobre el candelero; para que vean la luz todos los que están en casa,* y la luz del sobredicho Santo ardió de tal modo hasta el presente en el mundo, que por la gracia de Dios mereció ser colocada, no ya bajo del celemín, sino sobre el candelero; rogamos, amonestamos y exhortamos atentamente a todos vosotros, mandándoos por estas Letras Apostólicas, que excitando saludablemente la devoción de los fieles a la veneración del mismo, celebréis y hagáis celebrar su fiesta cada año el 13 de junio, con toda solemnidad; para que orando al Señor por medio de su intercesión, nos conceda la gracia en el presente, y la gloria en el porvenir. Y notros, deseando que el sepulcro de tan gran Siervo, que ilustra a toda la Iglesia con los esplendores de los milagros, sea honrado convenientemente; confiados en la misericordia de Dios omnipotente, y con la autoridad de San Pedro y San Pablo, sus apóstoles, rebajamos misericordiosamente un año de la penitencia impuesta a todos los que contritos y confesados lo visitaren cada año con la debida reverencia el día de la festividad y durante la octava. Dado en Espoleto el día 3 de junio, y año sexto de Nuestro Pontificado».

De este número es San Antonio…

Dios exalta a los humildes; máxima evangélica realizada en San Antonio con admirable exactitud. El que huyó de los honores y dignidades humanas, a las que tenía fácil acceso por su ascendencia ilustre, y renunció con generosidad a los timbres de gloria con que se honraban los Fruela y los Condes de Bullón, es honrado y aclamado por los pueblos durante su vida, y después de su muerte. Antes del año de su defunción es invocado como bienaventurado en favor de los desvalidos, la Iglesia le da los honores de Bienaventurado, y es llevado en triunfo en las procesiones con aclamación de los pueblos. Su sepulcro se ha hecho glorioso por los portentos que el Santo ha obrado, y de todas partes acuden a implorar su protección y valimiento.

Sobre la habitación donde nació el Santo, transformada en oratorio, se lee la inscripción siguiente:

NASCITUR HAC PARVA, UT TRADUNT,
ANTONIUS ÆDE,
QUEM CŒLI NOBIS ABSTULIT
ALMA DOMUS.

Capítulo VII
Himnos de gloria a San Antonio.

El Espíritu Santo elogia a los Patriarcas, que se hicieron célebres en su tiempo por las obras que Dios obró en ellos y por medio de ellos; hombres grandes en virtud, dotados de prudencia, anunciaron grandes misterios con espíritu profético, y dieron instrucciones, avisos y consejos muy santos, haciendo de doctores en la exposición de la ley del Señor; cantaron e hicieron cantar las alabanzas a Dios con los salmos y otros divinos cánticos; hombres ricos en virtud, solícitos del decoro del culto divino, y pacíficos; todos ellos alcanzaron gloria en su tiempo y en su nación, y en sus días se hicieron célebres. *Laudemus viros gloriosos.* Alabemos a los varones ilustres y a nuestros padres, cuya descendencia somos; fueron santos y somos hijos de santos, y un deber filial es alabarlos; pues fueron misericordiosos; y sus cuerpos fueron sepultados en paz, su gloria no será abandonada ni echada en olvido, y su nombre vive de generación en generación. Celebren los pueblos su sabiduría y anuncie la Iglesia sus alabanzas. Así lo practica la Iglesia católica celebrando sus Oficios, y haciendo memoria de sus virtudes, de sus milagros, y de las obras portentosas que Dios obró por medio de ellos.

Ved ahora los preciosos himnos que la Iglesia ha consagrado a San Antonio, traducidos a nuestro vulgar por D. Antonio García Vázquez Queipo.

Himno de Vísperas

Nuevo homenaje demos
A Cristo Rey, alegres:
Que Antonio ya en su cielo
Mansión gozosa tiene.

Del Padre San Francisco
Es émulo glorioso;
De fuente tal nacido
Vivificante arroyo.

Crece, y las muchedumbres
Muertas de sed restaura;
Que al rocío resurgen
De la vital palabra.

Fiel hijo, la Cruz mira,
Siguiendo al Asisiense;
Del título predica
Y el Padre se aparece.13

Bajo este jefe triunfa
Venciéndose a sí mismo,
Y de él a la par lucha,
Soldado no rendido.

Celo nos den sublime
La gloria y prez paternas,
Y en el palenque firmes
Venzamos las afrentas.

---

[13] Predicando San Antonio del título de la Cruz en el Capítulo de Arlés, se apareció el Seráfico Padre, que aún vivía en Asís, y los bendijo a todos, notando los efectos de su bendición.

Esto así el Padre Eterno
Conceda, y su Hijo amado,
Y el que es igual con ellos,
Espíritu Paráclito. Amén.

Himno de Maitines

Loor al Rey glorioso
Que a sus soldados premia,
Y que a su fiel Antonio
Premió con su presencia.

Antonio, en vida breve
Fianza has recibido
De asegurada suerte
Con la visión de Cristo.

Ansia digna a los tuyos
En tu muerte domina;
Amor les dan, no luto,
Tus preciosas reliquias.

Gloria de honor tan bello
La predijiste a Padua,
Donde por ti surgieron
Raudales ya de gracia.

Que el Padre, el Hijo, el Santo
Espíritu nos libren
Por ti de los contagios,
De toda mancha y crimen. Amén.

...Premió con su presencia.

Himno de Laudes

Luz que alumbras a todos,
Jesús, por Ti han vencido
Los milagros de Antonio
La lobreguez del siglo.

Él fue quien a los náufragos
Con fiel señal sostuvo:
Surgió de luz un rayo
Para mostrarles rumbo.

También luz de fe ilustra
Por prodigio al hereje;
Lanzar vio de la altura,
El vidrio y no romperse.

Luz de portentos múltiples:
Enfermó el que hizo mofa;
Se ofrece al Santo, se cura,
Y heraldo es de sus glorias.

Dios de las luces Padre,
Y Luz de Luz su Hijo,
Nos guíen, y el unánime
Consolador Espíritu. Amén.

El Oficio de San Antonio

Los tres himnos se rezan en la fiesta y Octavario de San Antonio, y todo el Oficio parece que es obra de Fr. Julián de Spira, contemporáneo del Santo, y Maestro de capilla de San Luis, rey de Francia. Fue mandado a la Germania en 1227. También parece que compuso el Oficio del Seráfico Patriarca, según reza un manuscrito del archivo del convento de San Isidoro de Roma, que dice así hablando de Fr. Julián de Spira: *Qui postmodum hystoriam (id. Officium) Beati Francisci et B. Antonii nobili stylo, et pulcherrima melodia, qua usque modo utimur exornatam, composuit. Panfilo de Magliano.* Si esto es así, el Responsorio *Si quœris*, etc., que es el octavo del rezo, no sería de San Buenaventura, como por voz común o tradición se le ha atribuido.

Responsorio

V. Si buscas milagros, mira
Muerte y error desterrados,
Miseria y demonio huidos,
Leprosos y enfermos sanos.

R. El mar sosiega su ira,
Se redimen encarcelados,
Miembros y bienes perdidos
Recobran mozos y ancianos.

V. El peligro se retira,
Los pobres van remediados,
Cuéntenlo los socorridos,
Díganlo los paduanos.

R. El mar sosiega ira,
Se redimen encarcelados,
Miembros y bienes perdidos
Recobran mozos y ancianos.

V. Gloria al Padre, Gloria al Hijo,
Gloria al Espíritu Santo.

R. El mar sosiega su ira,
Se redimen encarcelados,
Miembros y bienes perdidos
Recobran mozos y ancianos.

V. Ruega a Cristo por nosotros,
Antonio glorioso y santo.

R. Para que dignos así
De sus promesas seamos.

Oración

Llene de alegría ¡oh Dios! a tu Iglesia la devota plegaria de tu siervo San Antonio; y sea siempre protegida con los auxilios espirituales, y merezca gozar de las delicias eternas. Por Cristo Señor nuestro.

R. Amén.

Antífonas

¡Oh astro de España!
Perla de pobreza,
Antonio, Padre de la ciencia
Modelo de pureza:

Tú luz de Italia,
Doctor de la verdad,
Sol brillante de Padua
Con el esplendor de los milagros.

Amén.

Hijo de España,
Terror del incrédulo,
Nueva luz de Italia,
Sagrado depósito
Del pueblo Paduano.

Antonio, la gracia
De Cristo consíguenos;
No dejen las almas
Del perdón el término
Transcurrir en vano.

V. Predicador ilustre,
Antonio beatísimo, ruega por nosotros.

R. Para que por tu valimiento
alcancemos los gozos de la vida
eterna.

Oración

Te rogamos, Señor, que la plegaria continua y devota de tu siervo San Antonio venga en favor de tu pueblo, y nos haga dignos de tu gracia al presente, y en lo porvenir nos dé los gozos eternos. Por Cristo Señor Nuestro. Amén.

Antífonas

1.ª Oh Doctor esclarecido, luz de la santa Iglesia, bienaventurado Antonio, amante de la ley divina, ruega por nosotros al Hijo de Dios.

2.ª Bendigan al Señor las criaturas todas del cielo, de la tierra, del mar, que al obrar tantos prodigios por medio de Antonio, hace crecer en los corazones de los mortales la esperanza de la vida eterna.

3.ª ¡Oh lengua bendita, que incesantemente alabaste al Señor e hiciste que otros le bendijesen! Ahora se ve de cuanto mérito fuiste delante de Dios.

V. Ruega por nosotros, bendito Antonio.

R. Para que seamos dignos de las promesas de Cristo.

Oración

Dios omnipotente, que Tú solo obras los prodigios y maravillas, te rogamos, que así como conservaste incorrupta la lengua de tu siervo San Antonio, nos concedas por sus méritos y ejemplo bendecirte y alabarte perpetuamente. Por Cristo Señor nuestro. Amén.

Breve de San Antonio

Ved aquí la Cruz del Señor; huid, enemigos de mi salvación. Venció el León de la tribu de Judá, la raíz de David. Aleluya

V. Por la señal de la santa Cruz.

R. Líbranos, Señor, de nuestros enemigos.

Oración

Te rogamos, Señor, que recibas nuestros sacrificios en olor de suavidad, y nos concedas por intercesión de tu siervo San Antonio, que podamos presentar continuamente nuestros cuerpos como holocausto santo y agradable a tus ojos, y te dignes defender a tu Iglesia con una incesante protección, una vez que te dignaste ilustrarla con la predicación y milagros del glorioso San Antonio. Por Cristo Señor nuestro. Amén.

Conclusión

Gaude Felix Padua, quœ Thesaurum
possides![14]

Sí, regocíjate, feliz ciudad de Padua, pues posees un tesoro, que son las Reliquias de San Antonio, la lengua que no cesó de alabar a Dios, aquellas manos que derramaron continuas bendiciones, aquel cuerpo purificado por la penitencia, y transfigurado por el amor, que despide aroma celestial, prenda segura de la resurrección dichosa. Y regocijémonos todos de tener un Protector tan solícito como Antonio, primavera bellísima de dones celestiales, estío de frutos venturosos, otoño de excelentes gracias, e invierno dichoso de favores divinos para bien de los pobres y necesitados, identificado con el divino Corazón, glorificado por el Vicario de Cristo en la tierra, y alabado por toda la Iglesia y por cada uno de sus hijos, que acuden a su intercesión para librarse del mundo, del demonio y de la carne.

¡Gloria al Rey inmortal e invisible de los siglos, que nos ha dado tan celestial Patrón y solícito intercesor, para que haga nuestras veces en su divina presencia!

---

[14] En 1894 fue robado este precioso tesoro, que después se encontró en un bosque cerca de Padua.

Apéndice
La pía unión de San Antonio

La gran devoción del pueblo cristiano a San Antonio de Padua es proverbial. Apenas hay iglesia que no le consagre algún altar, ni pueblo que no acuda al Santo en demanda de gracias y favores. Tanta es la confianza en su intercesión, que se le piden hasta imposibles. Dios le ha concedido el insigne privilegio de atender a todos, y le ha hecho como su intendente. El Seráfico Doctor San Buenaventura celebró el admirable poder de San Antonio en el responsorio que canta la Iglesia: *Si quœris miracula.* Para hallar las cosas perdidas es tan especial, que no hay quien acuda a él y sea desatendido.

Como estuvo abrasado en vida de un celo apostólico, y ofreció su vida por la conversión de infieles, herejes y pecadores, no descansando un punto en la predicación de la divina palabra; ese amor para con sus semejantes no ha disminuido, y lo emplea para hacerles volver al buen camino, si se han desviado, o guiarlos hacia la verdad, si no la conocen.

Por desgracia hay muchos que se desvían del buen camino, y no saben o no aciertan a volver a él, ahora porque no dan con la puerta de entrada, ahora porque no la abren lo suficiente para poder entrar. Esa puerta es su boca, y deben abrirla, no para excusarse, sino para acusarse. Tuvieron atrevimiento para pecar, y no tienen valor para confesar debidamente su pecado. Permiten que la culpa les roa las entrañas, y los tenga en continua zozobra, antes que determinarse a quitar y arrancar de sí la causa de su malestar, imitando a aquel necio espartano, que permitía tener oculta en su seno una zorrilla robada, que le roía las entrañas, antes que manifestar al dueño su robo; quería morir de dolor antes que aparecer con la nota de ladrón.

Estos infelices necesitan de médico, y no se atreven a acudir a él para que los sane, y si acuden, no le manifiestan todas sus dolencias, y quedan en peor estado. El demonio les restituye entonces la vergüenza que les había quitado antes de pecar, a fin de que no acudan a la fuente de salud y de vida, y vivan privados de la vida de la gracia y en peligro de perderse para siempre. A estos aparecía San Antonio en sueño algunas veces, y les ordenaba que fuesen a confesar las culpas cometidas y calladas en la confesión, ahora por vergüenza, ahora por malicia. «Levántate, les decía llamándolos por su nombre, levántate, y ve a confesar tal y tal pecado, que cometiste en tal o cual ocasión, y lo has ocultado al confesor».

A estos aparecía…

No es confusión, dice San Juan Crisóstomo, el confesar los pecados, sino justicia y virtud. Es mejor revelar aquí los pecados por medio del Sacramento de la Penitencia, dice San Jerónimo, que no esperar a que se revelen para confusión en el día del juicio. *Revelaré tus vergüenzas*, dice el Señor por el profeta Nahum *(cap. III)*, *en tu cara, y las manifestaré a las gentes y a los reinos.*

A fin de interponer su intercesión en favor de los que van descaminados, y conseguir que hallen la gracia los que la han perdido, y lleguen a conocer la verdad los que viven en las sombras del error, se fundó la *Pía Unión de San Antonio de Padua*. La aprobó el Cardenal

Vicario de Roma, y la Sagrada Congregación la ha enriquecido de muchas Indulgencias plenarias y parciales, y tiene aprobados sus Estatutos para la buena dirección de los asociados.

Estatutos de la Pía Unión

Su objeto: — 1.º Es dar gracias a Dios por los privilegios singulares que concedió al Santo, glorificándolo en el cielo y en la tierra. — 2.º Pedir a San Antonio que atienda a todos los que acuden a él en las necesidades espirituales y corporales, y sobre todo a los que buscan con preferencia el reino de Dios y su justicia; esto es: —a) Que los paganos, incrédulos, judíos, herejes y cismáticos lleguen a conocer la luz de la fe que no han conocido, o que una vez conocida la han perdido. — b) Que los pecadores recobren la gracia divina, y se vuelvan a Dios contritos y humillados. — c) Que todos los Religiosos y Religiosas de las tres Ordenes Franciscanas busquen con el ardoroso celo de San Antonio el espíritu seráfico, y lo conserven como precioso tesoro. — d) Que los pobres encuentren el pan cotidiano para su sustento. — e) Que los que han perdido los bienes de fortuna o los de la fama puedan recobrarlos.

Obligaciones: — 1.ª Rezar cada día tres veces el *Gloria Patri*, dando gracias a la Santísima Trinidad por el admirable poder que concedió a San Antonio. — 2.ª Rezar diariamente en honor del Santo el responsorio Si *quæris miracula*, y si no lo saben, un *Padre nuestro, Ave Maria y Gloria*. — 3.ª Dar una limosna a los pobres cada vez que reciban algún favor del Santo — 4.ª Confesar y comulgar en la fiesta de San Antonio, el día 13 de junio, o en un día de la octava.

Condiciones: — 1.ª Inscribirse en el Registro de la *Pía Unión* — 2.ª Cumplir las obligaciones sobredichas.

Beneficios: — 1.º Tienen parte en la Misa que se dice todos los martes por ellos en la iglesia de San Antonio de Roma — 2.º Participan los asociados de todas las oraciones y buenas obras que hace diariamente toda la Orden de Frailes Menores.

Indulgencias plenarias — 1.ª El día de su inscripción en la Pía Unión, o el domingo siguiente — 2.ª El día de la fiesta de San Antonio — 3.ª El día de la traslación de sus reliquias, 15 de Febrero — 4.ª Cada uno de los trece martes, haciendo este piadoso ejercicio en cualquier época del año, con tal que sean los martes continuos, confiesen y comulguen, y visiten una iglesia u oratorio público, orando siempre según la intención del Papa — 5.ª Indulgencia plenaria invocando el dulcísimo Nombre de Jesús con la boca o con el corazón en la hora de la muerte. — 6.ª Todos los martes del año Indulgencia plenaria con las condiciones sobredichas, visitando además una iglesia Franciscana, donde esté expuesto el Santísimo Sacramento. Esta indulgencia se extiende a todos los fieles. (Breve de 3 de julio de 1894).

Indulgencias parciales. — 1.ª Siete años y siete cuarentenas cada día de la Novena, que precede a la fiesta de San Antonio — 2.ª Cien días de indulgencia, una vez al día, rezando los tres *Gloria Patri* sobredichos — 3.ª Cien días de indulgencia, una vez al día, rezando alguna oración según las intenciones de la *Pía Unión*. Todas estas indulgencias son aplicables a las almas del purgatorio.

Preces a San Antonio

Para interesar a San Antonio en favor de los que han perdido la fe o van extraviados, podemos acudir al Santo con las preces siguientes:

V. Dios mío, en mi favor atiende.

R. Señor, daos prisa a socorrerme.

V. Gloria Patri, etc.

R. Sicut erat, etc.

Oración

¡Oh glorioso San Antonio! por el celo ardiente que os distinguió durante vuestra peregrinación en esta vida mortal en favor de los que habían desertado de la fe y habían vuelto las espaldas a Jesús, que tanto os enriqueció, y con tanto amor le correspondisteis; postrado ante vuestra Imagen, humillado y compungido, creo todo cuanto cree y enseña la Santa Madre Iglesia, y os suplico que os intereséis por todos los infieles, y me confortéis en la santa fe; y en particular os pido por (aquí se nombra aquel o aquellos por quienes se hace la súplica) y os ruego que lo reduzcáis al buen camino, haciéndole hallar la fe perdida. Amparadnos a todos, para que viviendo en la fe católica tengamos la dicha de ir a alabar en vuestra compañía al Autor y consumador de la fe, Cristo Jesús, que con el Padre y el Espíritu Santo vive y reina por los siglos de los siglos. Amén.

V. Ruega por nosotros, glorioso Antonio.

R. Para que seamos dignos de las promesas de Cristo.

Admirable San Antonio, glorioso por la celebridad de los milagros y por la dignación de Jesús, que vino a descansar en vuestros brazos en forma de Niño; alcanzadme de su bondad la gracia que de lo íntimo de mi corazón deseo ardientemente. Vos, que fuisteis tan piadoso para con los miserables pecadores, no miréis la indignidad de quien os pide, sino la gloria de Dios, que será ensalzada una vez más por vos, y la salvación de mi alma, juntamente con la gracia que ahora con tantas ansias solicito. Sea prenda de mi agradecimiento el pequeño óbolo que os ofrezco para alivio de los pobres, con quienes, por la gracia de Jesús Redentor y por vuestra intercesión, llegue un día a poseer el reino de los cielos. Así sea.[15]

---

[15] Esta oración, compuesta por el cardenal Parocchi, tiene concedidas 100 días de indulgencia, rezándola una vez al día, según Rescripto de 15 de mayo de 1899. Es aplicable a las almas del purgatorio.

El pan de San Antonio

En el Responsorio de San Antonio, que tan vulgar y común se ha hecho entre los devotos del Santo, una de las clases de milagros de que se hace mención es el remedio de las necesidades de los pobres. *Los pobres van remediados.* Más de seis siglos y medio hace que se repite esto; y como en realidad los pobres se han visto socorridos, el pueblo acude al Santo con una confianza ilimitada. En España y sus antiguos dominios, en Portugal, Italia y Bélgica la devoción al Santo es proverbial, y hoy se despierta con un fervor digno de tenerse en cuenta. La fe peligra, y el Santo fue ardiente celador de ella: muchos han perdido este don divino, y San Antonio es abogado de las cosas perdidas; y así como le pedimos la gracia de encontrarlas, le hemos de pedir que se interese en favor de los que han perdido la fe, y haga que la encuentren. Este objeto tiene la *Pía Unión de San Antonio,* creada en 13 de febrero de 1894, y enriquecida con buen número de indulgencias en 4 de mayo del mismo año. *¡Cuántos hay, decía el Santo, que lloran la pérdida de los bienes temporales, y no sienten la pérdida de los bienes espirituales!* Quería el Santo que los cristianos mirasen con preferencia los bienes del alma y después atendiesen a los del cuerpo. *Quærite primum regnum Dei. (Matth. VI).* Son dos obras de misericordia, y las dos ha practicado con sus devotos. Para fomentar la primera tenemos la *Pía Unión de San*

Antonio, de que hemos hablado, y para mirar por la segunda *El Pan de San Antonio*.

Nació esta institución en Tolón por obra de una piadosa joven llamada Luisa Bouffier con ocasión de un prodigio que obró el Santo en favor de ella. Dejemos hablar a la agraciada, para que nos describa su origen institución. Nació esta obra, dice, como todas las obras de Dios, sin ruido, sin estrépito, y en la oscuridad. Hace cuatro años (el 1888) no tenía más conocimiento de la devoción a San Antonio de Padua que el haber oído ponderar la eficacia de su valimiento para con los que acudían a él con objeto de hallar las cosas perdidas. Quise abrir una mañana la tienda, y no pude; pues se había roto el secreto de la cerradura. Mandé llamar a un cerrajero, que vino con un manojo de llaves, y trabajó en vano por espacio de una hora. Viendo que era inútil perder más tiempo, me dijo: «Voy por los instrumentos para forzar la puerta, pues de otro modo no es posible abrir». En tanto que él se fue por los instrumentos, yo tuve inspiración de prometer a San Antonio pan para los pobres, si podía abrir la puerta sin romperla. Llegó el cerrajero y le dije: «Esperad un poco; he ofrecido a San Antonio pan para los pobres, si podía abrir la puerta sin romperla, y quiero probar de nuevo si se puede abrir con la llave; acaso el Santo nos asistirá». Apenas el cerrajero volvió a meter la llave en la cerraja, abrió sin la menor dificultad. Es imposible describir el pasmo que causó en todos los presentes. Desde este día mis amigas se unieron a mí para orar al Santo, y le comunicábamos hasta las menores penas, a fin de que nos las remediase, prometiéndole dar pan para los pobres, y quedábamos sorprendidas y admiradas al ver los numerosos favores que recibíamos. Una de ellas hizo promesa al Santo de dar un kilo de pan durante su vida, si concedía una gracia a un individuo de su familia, y el Santo se la otorgó. Agradecida, compró una imagen pequeña, y me la regaló. La coloqué en una habitación oscura, detrás de la tienda, y alumbré la habitación con buena luz. Desde entonces esta pequeña habitación se ve llena de gente, que viene a pedir al Santo con gran fervor el remedio de sus necesidades. A San Antonio acuden personas de todas las clases sociales, y las ofrendas quedan selladas con el de la humildad; pues los donantes ocultan sus nombres, dejando el cuidado de apuntarlo todo a solo Dios, que no puede olvidarlos».

San Antonio socorriendo a los pobres.

El incremento que ha tomado esta obra tan humilde, que solo pudo venir de Dios, para cubrir con la caridad las miserias de que se ve rodeado el hombre, es asombroso. Innumerables pobres reciben alimento por medio de ésta obra de San Antonio, y no hay duda que el Santo ha sido el inspirador de este ingenioso modo de poner en práctica las obras de misericordia. Ha merecido en muchas partes los sarcasmos de la impiedad; pero Dios ha aprovechado ese mal para sacar bien, y los mismos impíos han sido los propagadores de esta obra por medio de sus burlas. *Dios ha confundido la soberbia de esos insipientes, y los ha despreciado, dejándolos corridos. (Psalm. LII).* San Antonio está resolviendo pacíficamente el rompecabezas de los economistas, el problema social, que llaman pavoroso, para cuya resolución se declaran y confiesan impotentes. San Antonio da con esto una nueva lección a los políticos para resolver la cuestión social; cuestión que las Comunidades religiosas daban resuelta en la puerta de cada convento. Con capítulos de doctrina cristiana y corruscos de pan, con la fe y la sopa es como se resuelven esos problemas, que no pueden resolver los pecadores y sectarios, enemigos de Cristo y de sus ungidos.

El *Pan*, y *Pía Unión de San Antonio*, son dos puntos que merecen la atención en lo espiritual y temporal. El uno entraña las obras espirituales de misericordia, y el otro las corporales, satisfaciendo así a las exigencias del hombre, que consta de alma y cuerpo. El Santo ha mirado por la sociedad, y la ha iluminado en lo sobrenatural con sus prodigios, y en lo natural la socorre a fuerza de maravillas, dando de comer a los pobres. De él podemos decir lo que el Espíritu Santo dice de Moisés *(Eccli. XLV): Antonio, amado de Dios y de los hombres, cuya memoria está en bendición.*

Bendiciones

La Iglesia tiene costumbre de bendecir semillas y otros objetos en la festividad de algunos Santos, y en algunas solemnidades especiales, y este honor ha tenido también San Antonio. Con el *Breve* de San Antonio se conjuraban las lombrices, y en la iglesia de Apt (Francia) se ha encontrado una depreciación para bendecir el trigo, que se había de sembrar, a fin de obtener por su intercesión una buena cosecha. Decía así:

Bendición del trigo

«Dignaos, Señor, bendecir esta semilla, y por los méritos de nuestro bienaventurado San Antonio de Padua multiplicadla y hacedle producir el ciento por uno; y preservadla del rayo y de la tempestad; pues vivís y reináis por los siglos de los siglos. Amén.

«La bendición de Dios Padre, Hijo y Espíritu Santo, descienda sobre esta semilla. Amén».

También consagraban los niños, colocándolos bajo la protección de Antonio, cuyos labios tocó el Niño Jesús, y se regaló con él sentándose como en su trono en los brazos del Santo; y a fin de obligarlo ofrecían una cantidad de trigo, igual al peso del niño, y la entregaban a un establecimiento benéfico. Los Obispos sancionaron en la diócesis de Apt esta devoción, hija de la confianza que la gente devota tenía en el Santo. La bendición dice así:

Bendición de la cantidad de trigo igual al peso del niño

«Señor mío Jesucristo, por la intercesión y méritos de nuestro gloriosísimo San Antonio, rogamos humildemente a vuestra misericordia, que se digne preservar de todo mal, de peste, herpes, epidemia, fiebre maligna y de la muerte a vuestro siervo, que pone en la balanza, a nombre vuestro y en honor de nuestro bienaventurado San Antonio, la cantidad de trigo igual al peso de su cuerpo, para alivio de los pobres enfermos del hospital. Dignaos conservarle la vida por largos años, y permitidle llegar al ocaso de su edad, a fin de que pueda alcanzar por los méritos intercesión del Santo vuestra santa y eterna herencia. Guardadlo y preservadlo, oh Dios, de todos los males, pues vivís y reináis por los siglos de los siglos. Amén».

Ofrecimiento del pan

Hoy esta práctica ha variado algún tanto en la forma; y en lugar de presentar las especies a la bendición de la Iglesia, cada uno en particular hace su oferta al Santo, por ejemplo, de dar tantas libras de pan para los pobres, o tantos reales para invertirlos en socorro de los pobres, si se digna otorgar o conceder tal o cual gracia, o librar a uno de tal o cual tribulación o peligro. Esta oferta se puede hacer de la manera siguiente:

OFERTA A SAN ANTONIO PIDIÉNDOLE UNA GRACIA O FAVOR ESPECIAL.

¡Oh glorioso San Antonio! Bien conozco que no soy digno de que el Señor me atienda, por lo mucho que le he ofendido; pero humillado y compungido me acerco al trono de su divina gracia, confiado en vuestra mediación. Os ruego, Santo mío, que hagáis mis veces delante de su Divina Majestad, y me alcancéis la gracia (aquí se expone lo que se desea alcanzar). Y para más obligaros, os ofrezco (aquí se expresa lo que se ofrece) para alivio de los pobres, a fin de que os compadezcáis de mí y me libréis de la presente necesidad, si ha de ser para gloria de Dios y bien de mi alma. Presentad vuestros méritos en mi abono, y sed mi abogado delante del Señor, que os dio tanto poder y os enriqueció con tantas gracias, y decidid la causa en mi favor. Amén.

Licencia de la Orden

Imprimatur.

Datum Matriti die 20 Decembris, ann. 1899.

FR. SERAPHINUS LINARES,
V. Commis. Apcus, pro Hispania.

Vicariato General de la Diócesis de Barcelona

Por lo que a nos toca, concedemos nuestro permiso para que se imprima la obrita titulada: Vida portentosa del glorioso San Antonio de Padua, por el M. R. P. Fr. Jerónimo Aguillo, Ministro Provincial, mediante que de nuestra orden ha sido examinada y no contiene, según la censura, cosa alguna contraria al dogma católico y a la sana moral. Imprímase esta licencia al principio o final de la obrita y entréguense dos ejemplares de esta rubricados por el Censor en la Secretaría de Cámara y Gobierno de este Obispado.

Barcelona, 8 de junio de 1900.

El Vicario General,
RICARDO CORTÉS.

Por mandado de Su Señoría,
LDO. JOSÉ MARÍA DE ROS, Pbro., Scro.

Fin

Sobre el editor

Solo nos queda darle, nuevamente, las gracias por haber llegado hasta aquí y esperamos que la presente obra le haya hecho sentir a nuestro amigo lector las delicias de una productiva lectura. Puede darnos, si lo desea, su valoración, la cual esperamos haya sido buena.

También recordarle que, si quiere, puede suscribirse para recibir nuestras novedades en: www.bibliotecaluna.com o si lo prefiere, puede escribirnos a contacto@bibliotecaluna.com

Sin nada más que añadir, le agradecemos la confianza depositada en nosotros y esperamos verle pronto en otra de nuestras obras.

Biblioteca Luna

www.bibliotecaluna.com

LE INVITAMOS A LEER OTRAS DE NUESTRAS OBRAS:
PUEDE ESCANEAR EL CÓDIGO QR
PARA ACCEDER A NUESTRA BIBLIOTECA.